任正非
商业的本质

孙力科 著

图书在版编目（CIP）数据

任正非：商业的本质 / 孙力科著.—北京：北京联合出版公司, 2017.1（2017.3重印）

ISBN 978-7-5502-9079-2

Ⅰ. ①任… Ⅱ. ①孙… Ⅲ. ①任正非—生平事迹②通信—邮电企业—企业管理—经验—深圳 Ⅳ. ①K825.38 ②F632.765.3

中国版本图书馆CIP数据核字(2016)第276975号

任正非：商业的本质

作　　者：孙力科
责任编辑：李红　徐秀琴

北京联合出版公司出版
（北京市西城区德外大街83号楼9层　100088）
北京玺诚印务有限公司　新华书店经销
字数：300千字　710毫米×1000毫米　1/16　印张：19.75
2017年1月第1版　2017年3月第2次印刷
ISBN 978-7-5502-9079-2
定价：39.80元

前　　言

1987年，华为在中国深圳正式注册成立，注册资金只有2万元，整个企业处于没钱、没人、没技术、没市场、没管理的状态。甚至连公司的名字，大家也没有想好。后来有人看着墙上“中华有为”的标语非常响亮，觉得还可以，于是就直接拿来起名字了。这样一个缺乏准备的公司在发展初期一直举步维艰，甚至数度濒临破产。

1992年，华为自主研发出了交换机及设备，而当时的国内市场正被思科、爱立信、阿尔卡特、朗讯、北电网络等国际巨头所把持。那时候，思科公司的情报员已经搜集到华为的交换机和设备图，甚至连产品价格也了如指掌，情报员将这些信息以机密文件的形式传回思科总部。思科总裁几乎看也没看，就将这些信息扔进了废纸篓，并轻蔑地说道：“中国人玩玩花拳绣腿还可以，但要在高科技领域与我们竞争，至少还需要再努力100年。”

1996年，中关村四通公司一位名叫李玉琢的副总裁打算跳槽到华为。四通公司的总裁问他："你准备到哪里去呢？"李玉琢说："去华为。"总裁惊诧地说："华为？没听说过，没什么名气吧？"

2003年，当有人问世界通信巨头思科公司的总裁钱伯斯对华为有什么看法时，这位通信大佬略显严肃地说："在今后几年里，思科将只有一个竞争对手，它就是华为。"这个时候，思科正好被《财富》杂志选为2002年度最佳公司第一名，而且从1990年起，思科已成功击败了三代竞争对手，仅存的一些公司不是被思科并购就是处于崩溃的边缘，股价已掉得差不多了。

2013年，华为的营业收入达到395亿美元，超越爱立信的353亿美元；2014年，华为的营业收入达到465亿美元，基本上与思科公司471亿美元的年营业收入相持平；而到了2015年，华为以601亿美元的营业收入超越思科492亿美元的营业收入，一举成为全球第一大通信设备商。

在二十几年的发展历程中，华为从一个当初只有2万元资本、市场份额为零的小公司，快速成长为一个年营业收入突破600亿美元（2016年，华为的年营业收入目标为818亿美元）的跨国公司。谁也不会否认这是一个奇迹，而这一切都离不开一个人，那就是华为的总裁——任正非。作为华为的创始人兼实际掌控者，任正非依靠独特的个人魅力和出色的管理方法，带领华为一步步走向成功。

尽管华为不是任正非个人的公司，我们也不能将华为简单地等同于任正非，但是想要了解华为，想要研究华为的发展和成功模式，"任正非"绝对是一个绕不开的名字。在华为的发展过程中，更多时候体现的是一种团队合作型的奋斗。这种团队作战的模式从根本上说正是任正非一手打造的管理体系下的产物，而管理向来是任正非擅长的工作，也是华为得以快速发展的一个重要保障。

为什么中国那么多企业，只有华为在实体经济上能够多年保持良好的发展态势？为什么华为的工作效率很高？为什么华为员工的工作表现处于业内一流水平？为什么很多外国企业对华为又敬又怕？华为一步步征服世界的秘诀究竟是什么？

答案就是管理！华为的成功离不开技术，离不开人力资源，离不开资金，最重要的还是它拥有出色的管理模式，而且正是因为管理，才将技术、人才、资金等要素更为合理地结合起来并发挥出最大的功效。华为的战略和战术都是围绕着管理体系展开的，或者说它们本身就是管理体系的一部分。有人说华为低调神秘，有人认为华为凶猛疯狂，有人觉得华为开放大度，有人觉得华为真诚可靠。每个人都对华为有不同的印象，不同的印象实际上体现出的是不同的管理方法。

很多人都认为华为是一家技术型公司，但任正非并不完全这样认为，他觉得华为在坚持技术创新的同时更注重管理创新，正如他所说："以前我们就讲过，华为什么都不会留下，就剩下管理。为什么？所有产品都会过时，会被淘汰，管理者本人也会更新换代，而企业文化和管理体系则会代代相传。因此我们要重视企业在这个方面的建设，这样我们公司就会在奋斗中越来越强，越来越厉害。"

管理才是华为的核心，才是支撑整个华为系统顺畅运行的关键，更是华为不断获得进步和发展的动力。任正非能够将华为从最初几个人的小公司做到如今拥有十几万人的国际性大企业，靠的就是管理。通过学习、引入、吸收、改良的方式，任正非成功总结出既符合中国国情又与国际接轨的管理体制，最终推动华为成长。

无论如何，华为人一直都拥有自己的商业逻辑，不过他们也承认："所谓的'高科技企业'绝不能高高在上地脱离基本的商业逻辑，必须回到商业本质上思考问题。从这一点上讲，高科技企业与农业生产、传统工业并没有本质的区别。新经济并没改变旧规则。在企业经营管理上，心灵鸡汤不靠谱，经营理论不靠谱，管理格言不靠谱，成功案例不靠谱，大师预言不靠谱，时髦流行不靠谱，独门秘籍不靠谱……最靠谱的是：回归商业本质，回归商业逻辑，回归商业常识。”

为了让读者更加明晰地了解华为的发展，掌握华为发展过程中的一些基本规律，本文从管理的角度揭示商业的本质，揭示华为快速发展背后的那些商业逻辑和规律。此外，本书引用了大量的华为的案例以及任正非的文章，以此来讲述任正非的商业思维和管理理念，力求为读者呈现出一个比较全面的、真实的华为。

文章的语言平实易懂，内容丰富，而且有理有据，具有很强的逻辑性和可读性，非常适合大众读者，尤其是对于一些喜欢任正非或者想要研究华为的人而言，本书更是非常理想的读本。相信他们可以从中获得很多有价值的信息，也能够真正了解管理的真谛和商业的本质。

孙力科

2016年6月

contents | 目录

第三章　战略与市场是经营的双驱力

第四章　企业不是个人的，而是一个团队的

第一章 Chapter 1

思维决定了你的企业能走多远

华为多年来一直都显得神秘而另类，它和中国其他企业有着非常显著的区别，这种区别恰恰是华为能够获得成功的关键。如果认真分析华为的成长史，就会发现它之所以会获得如今的成就，之所以能够从众多的民营企业中脱颖而出，原因就在于华为的商业思维与众不同，正因为拥有出色的独一无二的商业思维，华为才能开拓出属于自己的发展空间。

The nature of the business

1. 从必然王国走向自由王国

> 毛泽东同志说过："人类的历史，就是一个不断地从必然王国向自由王国发展的历史。这个历史永远不会完结。……人类总得不断地总结经验，有所发现，有所发明，有所创造，有所前进。"人们只有走进了自由王国才能释放出巨大的潜能，极大地提高企业的效率。但当您步入自由王国时，您又在新的领域进入了必然王国。不断地周而复始，人类从一个文明又迈上了一个更新的文明。
>
> ——任正非《要从必然王国，走向自由王国》

在谈到企业管理的时候，任正非从《华为基本法》的制定中获得了灵感，于是重新引用了两个特别的概念："必然王国"和"自由王国"。其中，"必然王国"指的是人们对大自然或者社会状态的一种无能为力的状态，由于对社会规律的认识不够导致了人们的思维和行为受到了社会力量的约束。而"自由王国"指的是人们能够支配自然界或者社会的一种状态。在自由王国中，人们摆脱了盲目必然性的奴役，开始成为自然界以及自己社会关系的主人。

任正非在企业管理的理念中提出了这两个截然相反的概念，其中所要表达的意思很明显，就是要做到“无为而治”，而这是实现自由王国的一个重要方式。“无为而治”实际上是我国传统文化的核心思想之一，是道家思想中的一个精髓，所谓“无为”并不是让人什么都不做，“无为”的存在是以遵循客观规律、尊重人性为基础的，倡导的是有所为、有所不为。

在过去的一段时间，华为是典型的“人治”，老板拥有绝对的权威，上级喜欢用命令的口吻吩咐下属工作，管理者每天都在奔波忙碌，不仅工作效率不高，而且上下级的关系也处理得非常糟糕。强化管理、强抓管理的方法并没有让企业的运作变得更加顺畅。

1998年，华为正式进入大规模的扩张期，仅仅在这一年，华为的销售额达到了惊人的89亿元，这个数字在当时几乎是不可想象的。如果我们对这些数字进行具体解析，就会发现，当年华为的核心产品已经进入了国内所有的发达省份和主要城市。而在传统的交换机市场上，华为的市场份额高达22%，风头盖过了西门子、朗讯等国际巨头。

在这一时期，华为实际上已经基本实现了之前制定的“农村包围城市、最终夺取城市”的战略目标。不过对任正非而言，他此时并没有过分关心自己所取得的成就，而是开始探讨如何改进华为内部的管理。在扩张时代，领导的权力和权威不可或缺，他们必须懂得给员工施加压力，可是他也意识到自己的员工多半都是从事研发和设计工作，他们需要让自己的思维更加开放和自由，而一些硬性的工作要求、强制性的规章制度、主观因素强烈的命令，对员工发挥正常的思维没有任何好处。任正非觉得自己有必要换一种风格和方式，解除压在员工身上的那些“枷锁”，让他们的工作变得更加自主和富有张力。

任正非曾这样对下属说：“我相信，这些无生命的管理会随着我们一代又一代人的死去而更加丰富完善。几千年以后，不是几十年，这些无生命的管理体系就会更加完善，同时又充满活力，这就是企业的生命。”这种“无生命的管理”指的就是“无为而治”，其终极目的就是减少管理者的戏份，让所有的干部和员工进行自我管理、自我控制、自我调节和自我引导。

在总结自己为什么要起草《华为基本法》时，他认为最终的目的就在于：“我们要逐步摆脱对技术的依赖、对人才的依赖、对资金的依赖，使企业从必然王国走向自由王国，建立起比较合理的管理机制……对人的管理才是最大的财富。当我们还依赖于人才、依赖于技术、依赖于资金时，我们的价值评价体系就存在一定程度的扭曲，我们还不能说是获得了自由。只有摆脱这三个依赖，才能科学决策。我们起草基本法就是要构建一个平台，构筑一个框架，使技术、人才、资金发挥最大的潜能。”

正因为如此，他开始实施了一系列的改革措施，而最重要的就是对管理方式进行改革，他意识到企业想要获得更好的管理首先需要释放员工身上的热情和积极性。毕竟在企业管理中，人的控制力和强迫力并不是确保自主达到管理目的的唯一方式，也不是最重要的方式。人盯人，以权力来压制和命令人的工作方法，不再适用于新的工作体系和工作环境。管理者可以通过激发员工的思想热情，来提升员工的工作积极性和效率，这样员工不再被推着走，而是能主动承担工作中的责任和义务。员工需要自发主动地发挥自己的潜力和才能，这样才能更好地推动企业的发展。

任正非觉得，要想将一个企业打造成更加自由的王国，要想让企业的一切运转都顺其自然，自己就一定要先从最高位置上走下来，需要让更多的人参与到企业的发展和建设当中去。华为不能只靠自己一个人的能力，而需要一支高素质的团队，需要更多的帮手来提升竞争力。所以多年来他一直都在放权，一直都在想办法激发大家更高的积极性，给予员工更多自主选择的权利和更多的福利。

华为推行的一系列管理上的改革活动，实际上就是对企业“从必然王国走向自由王国”的探索。任正非明白，华为如果要想成为一家世界级的大公司，就必须踏上一条不断从“必然王国走向自由王国”的改进、循环之路，通过不断地循环改进来提升企业的竞争力。

2. 华为没有成功，只是在成长

> 十年来，我天天思考的都是失败，对成功视而不见，也没有什么荣誉感、自豪感，而是危机感。也许是这样才存活了十年。我们大家要一起来想，怎样才能活下去，也许才能存活得久一些。失败这一天是一定会到来的，大家要准备迎接，这是我从不动摇的看法，这是历史规律。
>
> ——任正非《华为的冬天》

2001年4月24日，任正非发表了《北国之春》一文。在文中，他说："什么叫成功？像日本那些企业那样经历九死一生还能好好地活着，这才是真正的成功。华为没有成功，只是在成长。"在他看来，华为成长在全球信息产业发展最快的一个时期，它成长的背后则是"中国从一个落后网改造成为世界级先进网"这个大背景。因此，任正非认为华为的迅速发展不过是乘着大潮流带来的优势，而企业仍旧缺乏历练，缺乏危机的考验。从这一方面来说，华为有今天的成就更多是依赖于机遇，而不是自身的素质和本领。

进入2000年后，华为就获得了快速的发展，这与20世纪90年代初期四处碰壁、发展缓慢相比，华为的发展已经取得了实质性的进步。更重要的是，当初那个只能在国内艰难地抢占市场的小企业如今成功进入国际市场，比如2006年，华为在国际市场上的销售额占到了总销售额的65%，这样的成功无论是对华为还是对国内其他企业来说都是非常可观的。当时，有很多国内媒体和国际媒体认为华为已经是国内首屈一指的电信设备供应商了。

可是任正非觉得，华为所取得的这些成就根本不能算是成功，按照他的观点，一家真正成功的企业需要经历挫折，需要在危机中经受住考验，需要具备抵御危机的能力。而在未来的一段时间，华为必将会遇到寒冬，会遭遇各种危机和挫折。当时，他大声呼吁："华为的危机以及萎缩、破产是一定会到来的。现在是春天，但冬天已经不远了，我们在春天与夏天要念着冬天的问题。我们可以抽一些时间，研讨一下如何迎接危机。IT业的冬天对别的公司来说不一定是冬天，而对华为可能是冬天。华为的冬天可能来得更冷一些。（因为）我们还太嫩，我们的公司经过十年的顺利发展，没有经历过挫折，不经历挫折就不知道如何走向正确的道路。磨难是一笔财富，而我们没有经过磨难，这是我们最大的弱点，我们完全无法适应不发展的心理准备与技能准备。"

当然，对华为人而言，很多人并没有意识到危机的到来，也不清楚自身的危机究竟是什么。发展的成果非常喜人，几乎已经让华为欣喜万分，在一片叫好声中，任正非的呼吁堪称另类，但也足够振聋发聩。毕竟当一个公司处于快速发展的时期，很少有人会担心如果有一天公司销售额下滑、利润下滑甚至会破产企业该怎么办。

如果将目光放大到世界范围内就会发现，任正非的担心不无道理。世界上任何一家伟大的公司都是在冰与火的淬炼中坚持下来的，没有任何一家公司是一帆风顺的，华为未来的发展道路也一定会遭遇各种坎坷和危机。任正非担心华为的发展看起来太顺利了，员工们经历的太平时间太长了，而这也许就是一个最大的灾难。

那么，这些危机到底是什么呢？华为又该如何防范呢？

按照任正非的理解，华为虽然发展迅速，但企业内部的职业化、规范化、表格化、模板化的管理还十分欠缺，管理中的重复、重叠现象非常严重，大大影响了效率。他将那时的华为人比作“一群从青纱帐里出来的土八路”，认为华为的工作方法比较简单粗暴，缺乏更为合理的管理方式。

他曾经去香港考察，发现那些公司里的秘书工作效率很高，有条有序地很快就把事做完了。而华为的一些干部做事缺乏章法，没有一套合理的程序，做完后还要反反复复检查是否合格了，结果造成了低效率、高成本的现象。管理上的落后让任正非如芒在背，他始终觉得这是一个潜在的危险信号，一旦爆发就很可能会让华为毁于一旦。

通过考察和分析，任正非意识到企业的高速发展实际上存在很大的问题，这是一个繁荣的表象，而管理上的改革已经势在必行。当时，他一直对内反复强调：“我们是否正确认识了公司的生死存亡必须来自管理体系的进步？这种进步就是快速、正确，端对端、点对点，去除许多中间环节。大批的高中级干部将随IT（管理）的推行而下岗，我们是否做好了准备？为了保住帽子与权杖，是否可以不推行电子商务？解决这些问题的关键是，我们得说服我们的竞争对手也不要上，大家都手工劳动？我看是做不到的。‘沉舟侧畔千帆过’，我们不前进必定死路一条。华为存在的问题不知要多少日日夜夜才数得清楚。”

正是管理上的大漏洞和缺陷，让任正非不得不提前做好防范工作，因此他建议华为必须认真提升工作效率，必须尽快进行技术改革和管理体制上的革新，精简机构，强化员工培训，为即将来临的“冬天”做好充分的准备。

事实证明了任正非判断的正确性。经过管理改革，华为这些年来的发展一直呈现良好的势头，销售额不断获得突破。在国际上，很多人已经将其作为通信领域内的大佬级企业来对待了，华为也从当初的追赶者成了行业内的标杆，成了后来者追赶的对象。在这种变化面前，任正非仍旧保持低调，仍旧强调要保持居安思危的想法，要关注那些潜在的危机和风险，要懂得不断改进和提高自己。对他而言，在好的企业和好的管理者眼中，成功只是一个虚无的概念。只有不断成长，只有在成长中经受住各种考验，才是企业最重要也最需要的特质。

3. 发展需要静水潜流

我们要的是成功，不是口号。有人说华为运行得平平静静，没什么新闻，是不是没戏了。我们说，这叫“静水潜流”。表面很平静的水流，下面的水可能很深很急。倒是那些很浅的水在石头上流过去的时候才会泛起浪花。

——任正非

2005年，任正非被美国《时代》周刊评为“影响世界的100位名人”，当时他是唯一入选的中国企业家。《福布斯》杂志对他做出了这样的评价：“任正非是一个很少出现在公众视野中的人物，却是国际上最受人尊敬的中国企业家。”2011年3月，美国《财富》杂志公布了中国最具影响力的50位商界领袖名单，任正非位列榜首，柳传志、张瑞敏分列第二位、第三位。

与这些名声形成鲜明对比的是，外界对于任正非本人的了解并不多，而且公众也很少见到任正非像其他企业家一样出现在媒体和镜头前。事实上，任正非从1987年创办华为一直到今天，几乎从没接受过任何媒体的正面采访，也从不参加评选、颁奖活动和企业家峰会，就连那些宣传华为品牌形象的活动，他也一律拒绝。

在很多媒体的眼中，任正非一直是一个非常神秘的人物。他基本上不会答应任何形式的采访，据说他还向华为的高层下过死命令："除非重要客户或者合作伙伴，其他活动一律免谈，谁来游说我就撤谁的职。"整个华为由此上行下效，全体以近乎本能的封闭和防御姿态面对外界。对此，任正非曾经做出这样的解释："我为什么不见媒体，因为我有自知之明。见媒体说什么？说好，恐怕言过其实；说不好，别人又不相信，甚至还认为虚伪，只有不见为好。因此，我才耐得住寂寞，甘于平淡。我知道自己的缺点并不比优点少，并不是所谓的刻意低调。"实际上，媒体的一些做派与任正非的低调风格完全不符，比如，那些记者通常都喜欢将企业的发展成果归结为老总的个人能力，或者夸大事实地描述出一个英雄形象。但任正非自认为是一个普通人，没有多少影响力，至于华为这些年来取得的惊人成果，他将其归结为全员的努力。

多年来，任正非一直秉持着低调的做派，平时过着深居简出的生活，几乎很少有人看到他，甚至于当他出现在人群中时很容易被人忽视。在一个大型的国际通信设备展览会上，一家香港电信公司的首席执行官在展览会上见到了一位衣着朴素、言谈亲和的老者，双方礼貌地交换了名片。当他回到房间整理厚厚的名片时，才发现那个穿着普通、言语亲和的老者竟然是大名鼎鼎的华为总裁任正非。这位首席执行官既惊讶又后悔，为自己没能认出任正非而感到惋惜。

在中国最杰出的企业家中，任正非从来不会像马云、雷军、董明珠、刘强东等人一样经常出现在公众面前，或者出现在媒体版面的头条上。对多数人而言，任正非是一个非常神秘的人物，有关他的故事大多都来自华为唯一对外的窗口——《华为人报》。尽管外界有很多关于他和华为的传言、暗示，但他从来都不会出来辟谣或者辩解。在他看来，华为不是上市公司，没必要向公众披露自己不愿说的事情。

“木秀于林，风必摧之”，但凡喜欢夸耀、喜欢张扬、喜欢出风头的人，往往难以成就大事，因为当他们抻着脖子努力表现自己时，往往最容易受到别人的攻击。作为一个希望成为世界最强的企业，任正非深知华为要走的路很长，深知一旦变大变强就会遭到各种排挤和打压，只有保持低调本色，才有机会为企业的发展争取到更多的时间和空间。所以他一直都尽量避免树大招风，正如他曾经说的那样：“当台风来的时候，什么措施最保险？不是站得高、挺得直，而是趴下，尽量低一些，再低一些，才能不被吹倒！我们不知道什么时候会来大风，所以，我们要一直尽量低一些。”

出于对企业的保护，出于对企业发展目标的尊重，任正非一直都一心一意投入工作当中，而且他也要求员工们保持低调的个性，不要被一些虚名所诱惑，不要浮躁地面对成功。据说当华为第一次入选世界500强时，公司的一位高管一大早走进会议室，非常平静地说：“告诉大家一个坏消息，公司进入世界500强了。”当时，整个办公室里的人并没有表现出什么异样的举动，没有人为此感到欢欣鼓舞，更没有人倡议搞什么庆典，一整天都在平平淡淡中度过。

也正是因为如此，这家曾经濒临倒闭的民营企业，几乎是在大家都不怎么注意的情况下慢慢走出国门，并成了世界上最具竞争力的通信公司。当它全力进攻欧美市场时，美国企业家们惊呼“狼来了”，可是他们无法抵挡住蛰伏已久的华为。

世界通信巨头思科公司的总裁钱伯斯曾经感叹公司的竞争策略出现了严重的问题，他们没有意识到华为竟然可以在短时间内获得如此大的进步，他曾经警告公司内部人员说：“在今后几年里，思科将只有一个竞争对手，它就是华为。”这种低调和神秘几乎让所有的竞争者感到困惑，他们想不明白为何此前一个听都没怎么听说过的企业，突然就成了让人感到恐惧的强大对手。

最近几年，华为的名声越来越响，可是有关任正非和华为内部人员的新闻却很少。任正非有一句话很好地表达了华为人独特的想法：“只有安静的水流才能在不经意间走得更远。”可见，在任正非和华为人心中，无论自己有多少实力，无论发展的状态和前景有多么好，始终都要保持低调谦卑的姿态，始终确保自己不过分成为舞台的焦点。

其实，低调示弱一直是中国传统文化的精髓，无论是做人还是做企业都不能太过张扬和炫耀。宋代大诗人苏东坡曾说过，一个人想要成就大事就要懂得将自己置身于暗处，这样不仅能够规避风险，还能够观察身在明处的人，从而更好地掌握对方的动向。华为之所以获得了如此出色的成就，就是因为任正非和其他华为人比任何对手都更加善于潜水。

4. 清晰的方向在灰色中脱颖而出

> 一个领导人重要的素质是方向、节奏，他的水平就是合适的灰度。坚定不移的正确方向来自灰度、妥协与宽容。清晰方向是在混沌中产生的，是从灰色中脱颖而出的，方向是随时间与空间而变的，它常常又会变得不清晰，并不是非白即黑、非此即彼。
>
> ——任正非

中国人通常喜欢讲立场、讲原则，因此多数人对于事物的看法偏于两个面：一个东西要么就是黑的，要么就是白的。不论是对人的看法，还是组织的运作，都会出现是非黑白的判断，很少有人会去想还有没有第三条路可选择。

比如，做人力资源管理的人必须了解老板、了解员工，可是理解人性是非常困难的，而且人性也并不是单纯的黑与白、好与坏。有的心理学家认为“人是一种复杂的情感的混合体”，很多人都存在多重人格，根本不应该以所谓的是非好坏来衡量。在企业的发展方向上，同样也如此。有的人想要走这一条路，有的人想要选择另一条路，难道就不能综合起来进行考虑吗？

其实，黑和白是最容易走的两条路。一个东西非黑即白，很容易做出选择，但在很多时候事情并不是介于一个标准化的模式当中，单纯的黑或者单纯的白都是一个极端的表现，并不符合为人处世的基本准则。换句话说，人生往往需要一些灰色地带，一些缓冲地带，一些让黑白冲突不那么明显、让黑白矛盾不那么激烈的状态。想要融合黑和白的两种思想，形成合力可能是最难的，而任正非认为这种介于黑和白之间的就是灰度。

“灰度”是一种对各方意见、态度、行为方式的综合，是在坚持大的方向、原则不动摇的前提下，对其他各方意见的妥协，是对不同意见、不同工作风格、不同个人习惯的宽容。灰度看重的是一种整合能力、一种协调能力、一种包容能力，目的就是团结彼此，让不同的人、不同的立场、不同的方向尽可能地形成一股合力。

任何事物都有对立统一的两面，我们不能仅仅看到事物的对立面，而忽略内在统一的一面，灰度理论恰恰是对事物内在统一性的把握。任正非强调合理地掌握合适的灰度是各种影响发展的要素，在一段时间和谐，这种和谐的过程叫妥协，这种和谐的结果叫灰度。而管理上的灰度是企业的生命之术，是确保一个企业能够顺利发展和变革的基础。按照这个理论，企业在向自己的发展目标前进时，管理者在实施自己的规划时，组织中的各要素应该和谐共存、共同发展，并且在实现组织目标的同时也应该实现个人的目标，这才是一种良性的、有机的、生态的发展。

任正非曾经以史为鉴，认为中国历来就有很多出色的改革家，这些人能力出众、富有远见，但唯一的缺点就是太过激进和极端，没有兼顾各方的利益，最终遭遇了巨大的阻碍。如果变法者能够用较长时间来实践，而不是太急迫、太全面，适当收敛一些，也许效果会更好一些，大众的接受程度也会更高一些。

任正非意识到改革并不仅仅是小部分人的工作，管理也不是小部分人的事情，必须从大局来考虑问题，必须兼顾各方的利益。凡事不能从单一面来做决断，该妥协的时候要妥协，该迂回的时候要迂回，不能固执地认为别人一定是错的，而自己一定是对的。在出现争议和矛盾的时候最好找一个模糊地带，把握一个各方都不那么敏感的点，让所有人都能够接受，都不会产生太大的抵触情绪。

多数企业在制定计划并开始决定实施的时候，常常会明确方向和目标，会坚持目标与方向的正确性与原则性，但它们关注的焦点往往也仅仅停留在这上面。实际上阶段内的目标虽然是唯一的，方向也是唯一的，但方法是多样化的。使用什么样的方法才能更高效地实现目标，如何才能更为合理顺利地实现目标，这才是管理者真正要思考的问题，而这恰恰是灰度理论的优势所在。

华为的成功改革给所有人提供了一种思路：做人做事都需要掌握灰度哲学，不能采取“非此即彼”的原则，不能激进地以“是非黑白”的原则来对待任何一份工作，保持模糊很重要。而且任何人、任何事都有对立的一面，都有各自的优势和缺点，也都有各自的特点，依靠那些模糊的原则和界限将这些不同点和对立面统一起来，才是解决问题的最佳方法。

可以说，灰度是华为企业文化的重要特征。任正非曾经解释说：“华为文化不是具体的东西，不是数学公式也不是方程式，它没有边界。也不能说华为文化的定义是什么，它是模糊的。正因为模糊，才不会受到太多的约束和反对，才能给奋斗者带来更大的施展空间。”

这种无边界的模糊的模式实际上就是一种包容、一种自由。任正非一直强调的是团队合作，强调组织的和谐与统一。这种团结不仅仅是将不同立场、不同理念的人团结在一起，还要求管理者与被管理者建立起更加亲密、彼此信任的关系。上级与下级不再是单纯的管理与被管理、征服与被征服、官与民、父与子的关系，也就是说，管理者要尊重员工的个性、能力与爱好，要将其安排在合适的岗位上，人与人之间虽然有地位的差别，但本质上是平等的关系。消除了地位上的对立，模糊了传统的权力运作模式，管理者与员工之间的信任度会不断提升，彼此也更容易形成一个紧密联系的团队。

5. 新陈代谢是生命得以延续的基础

> 我认为任何一个民族、任何一个公司或任何一个组织，只要没有新陈代谢生命就会停止。只要有生命的活动就一定会有矛盾，一定会有斗争，也就一定会有痛苦。如果说我们顾全每位功臣的历史，那么我们就会葬送公司的前途。
>
> ——任正非

1996年1月，华为内部发生了一件非常罕见的大事——市场部集体辞职。当时，从以华为副总裁孙亚芳为首的华为市场部中高层干部到各个区域办事处主任都主动提出了辞职。这种辞职并不是因为内部引起的动乱，而是一个公平竞争的开始。

华为市场部所有的正职干部，从市场部总裁到市场部各办事处的主任，都提交了两份报告：一份是述职报告，一份是辞职报告。公司将按照他们平时的工作业绩和述职报告中拟订的工作计划对其进行认真考核，对其个人表现、发展潜力和发展需要做出客观和合理的评价。

经过考核，公司会按照考核标准和成绩来决定该批准辞职报告还是批准述职报告。一旦公司批准的是辞职报告，那么这名员工就要离开原有岗位，而且很可能会降职处理。事实上，如果员工觉得不满意或者不服气，完全可以选择直接离开公司。一旦批准的是述职报告，那么就意味着该员工的表现令公司很满意，业绩达到了公司制定的标准，他就可以在原岗位重新上岗，而一些评价分数高、考核成绩大大超过标准的员工还会得到提拔和重用。

华为依靠这种“先辞职，再重新竞业”的方式来重新甄选人才，重新任用人才。经过考核之后，员工们重新与公司签订1~3年的劳动合同，公司也会废除现行的工号制度，所有工号将重新排序。让华为人都集体归零，不分等级；大家竞聘上岗，不论资排辈，这体现了任正非管理思想中先进的一面。

其实，早在1995年12月26日，任正非就发表了《目前形势与我们的任务》的文章，并在文章中为即将到来的辞职运动打了预防针：“为了明天，我们必须修正今天。你们的集体辞职表现了大无畏的、毫无自私自利之心的精神，你们将光照华为的历史！”即便如此，这种大清盘的方式在当时也引起了很大争议，毕竟公司中有很多劳苦功高的老干部，从创业初期就一直跟着任正非，多年来与华为同甘共苦，可以说为公司发展付出了很大的精力。任正非不是一个无情无义、过河拆桥的人，他对那些老干部、老员工始终心怀感恩和敬意，但是从企业发展的角度来说，淘汰落伍的人原本就是一个规律。

华为在创业初期的时候，为了生存下去，任正非一直都和员工们艰苦奋斗，并依靠这股拼劲为华为的发展打下了良好的基础。随着华为的不断发展和扩大，任正非渐渐发现落后的管理制度已经严重阻碍了企业的进步和发展。尤其在人事管理方面，很多老干部已经跟不上时代发展的脚步，他们管理水平低下的特点也逐渐暴露出来。一些老干部常常倚老卖老，阻碍新政策的实施，甚至干涉新人的工作。另外，这些人的工作效率和贡献率已经低于很多新人，却仍然享有公司给予的大量股利分红，这对其他人而言是不公平的。

有些干部能力差，反而成了管理者；有的员工默默奋斗多年，结果一直没有被提拔上来；有的干部贡献小，却分到了更多的股权；有的员工做了很大的贡献，可是一直没得到太多的报酬。这些问题引起了任正非的关注，他意识到，如果继续让缺乏能力的老干部留在原有的岗位上，就会让整个公司的发展陷入困境。

为了对华为的发展负责，为了对所有的员工负责，任正非最终提出了“二次创业”的概念，号召市场部干部集体大辞职。结果很多身处高位的干部因为能力不达标被新人替换下来，回到了普通岗位上，有些人干脆离开了公司，而一些有才能的人因为表现出色被提拔到更高的岗位上。就这样，公司进行了管理人员的大洗牌，实现了内部管理人员的新老更替，使得华为从臃肿状态中迅速实现转型，变得更具活力和竞争力。

其实，任何一个企业要想保持基业长青，要想长远地发展下去，就一定要保持新鲜的血液，确保源源不断的新人能够接替日渐落伍的老干部，始终保持与时俱进的姿态。对企业而言，发展是硬道理，而人员的更替则是发展的硬道理。这也是任正非一直在积极思索的问题，他必须让企业时刻保持充沛的战斗力。

华为所面临的改革问题也是那一代中国企业遇到的共同问题。一开始它们都是依靠粗放式的管理，依靠单纯的“人治”来实现快速发展和扩张，但是扩张之后就会发现管理制度的滞后已经影响了企业前进的脚步。如何打破这个困局，如何更加平稳地实现权力的新老更替，是企业面临的最大问题。很多企业就是被卡在了这个关键点上，结果出现了迅速倒退甚至内斗的情况。

可以说，集体辞职开创了华为干部能上能下的先河，这也成为企业管理中企业在转型期如何顺利过渡实现新老接替的成功案例。任正非以一种先辞职后竞争上岗的方式，给了所有人一个公平的竞争机会，确保企业的管理层能够不断注入新的血液，让那些更具活力、更有创意、更有胆识的管理者上位，既提升了企业内部的管理水平，同时也刺激了管理者，这样他们就会不断学习，主动提升了自己的能力并加速个人的成长。

从发展的角度来说，集体辞职是一个重大的战略思维，是一次非常大胆而又非常高明的尝试。任正非通过辞职运动和平地实现了华为的人才转型和管理转型，使得华为的发展获得了生机，这一点是非常难能可贵的，也恰恰显示出任正非独特的经营智慧和不凡的魄力。

6. 坚持每天都进步一点点

你们还要特别注意向别人学习，看看你身边的老员工是如何做的。学明白了再去创新，一点一滴、一步一步走向成熟。

——任正非

心理学家认为，多数人都存在懒惰的心理，如人们平时做一些习惯性的动作或者进行一些惯性思考，其实就是一种惰性心理。在他们看来，这些习惯性的表达是最轻松的，也是最不需要花费精力的。惯性有时候的确会带来很大的便捷性。不过更多时候，惰性心理和惯性心理会使人故步自封，让人丧失前进和探索的动力。

任正非发现很多公司都存在一些懒惰现象，员工们更多时候都是按照一个标准的节奏和任务来完成自己的工作。只要他们今天做了多少工作，那么第二天就绝对不会超过这个量，即便他们有能力也有时间来完成更大的工作量，也不会努力。很多员工总是振振有词地认为，“既然公司的基本要求就是这么多，因此我只需要做这么多”“既然公司只能给我这么多的工资，那我也没有必要超额完成工作”。这种限定限量的工作思想恰恰是一种缺乏进取心和责任感的消极心态。

正因为如此，任正非多年来都在强调一点：每天都进步一点。华为恰恰是在持续不断的进步中实现积累和壮大的。比如，华为发展初期正处于一穷二白的状态，面临着资金短缺、人才短缺、技术短缺的尴尬境地，而市场上的整体大环境并不利于华为的发展。当时所有的先进技术都被国际巨头们所掌握，它们还拥有产品和技术的相关专利。其他公司要想发展，就要从巨头那儿购买专利技术，可是这些国际巨头并不会轻易将技术卖给那些小公司，而且即便要卖，高昂的价格也足以吓退购买者。

在华为的前面只有一条路，那就是自己摸索、自主研发。在那段时间，任正非几乎每天都和研发人员待在一起，大家一起研究方法并进行技术攻关，可是由于基础薄弱，一直都没有太大的进展。即便如此，任正非也很高兴。他不断给研发人员打气，认为研发有进步就是好事，而“每天都在进步，就是最大的成功”，因为只要每天都在进步，哪怕只有一点点，最终就一定会出成果。

因为坚持这个理念，研发人员经过一段时间的艰苦奋斗之后很快研发出了自己的产品，掌握了新的技术，并申请了相关的专利。华为很快迎来了发展的契机，并通过这些新产品为自己积累了第一桶资金。这时候所有的人都非常高兴，不过任正非并不满足，他觉得企业要想获得更大的发展，就需要掌握更多更新的技术，就需要确保自己始终处于进步的状态。所以多年来，华为的研发部门始终保持高昂的热情，始终都在坚守“每天进步一点点”的工作精神，每天都在想办法摸索新技术、新方法。

有一组数据很能说明问题：在创业初期，华为的技术专利为零，在之后的发展过程中，企业获得的专利呈现了上升的趋势。如在2004年，华为申请专利的数量正式突破了1000件；到了2012年，华为累计获得授权的中国专利是21000多件，累计获得授权的外国专利是8000多件。截至2014年6月，华为在中国市场以及海外市场上累计申请专利已经超过65000件次。更重要的是，华为几乎每年都有3000多件专利提案被多个国际重要标准组织所接受。

将这些进步分散到每一天来看，也许进步并不那么明显，可是通过每一天的积累，最终的成果就会很惊人。可以说，华为的大发展并不是在一天内就完成的，也不是在一年内就完成的，它依靠的是每一天、每一个月、每一年的进步，最终实现了重大突破。很多竞争对手曾经都对华为的微小进步嗤之以鼻，可是几年、十几年之后，它们突然发现华为已经变成了一匹狼——一匹足以置人于死地的狼。

在创业的时候，很多企业家常常幻想着一步登天，希望有朝一日能够快速进步。正因为过于急躁和迫切，他们往往会忽略一些微小的进步，而且不甘心每天只是获得一点点的进步。可越是希望在短时间内获得突破，往往越是难以获得成功，因为成功从来就不是一蹴而就的，它需要在不断的进步中实现积累，最终达到质变。

心理学上有一个著名的公式：1的365次方等于1，1.01的365次方约等于37.78，而0.99的365次方约等于0.025。这个公式说明了一个很简单的问题，那就是不要小看了每一个细小的提升。在这个公式中，“1”其实代表着每一天的努力，“365”是一年的天数，“1.01”表明每天都进步0.01，而“0.99”则代表每天都少做0.01。通过计算就会发现，0.01在每一天的变化量中几乎可以忽略不计，可是如果将这个时间变量延长到一整年，结果就会出现很大的差别。每天进步0.01的人到年底所做的业绩是正常水平的37.78倍；每天退步0.01的人年底的工作量或者价值只有平常水平的1/40；而每天都原地踏步的人，即便过了一年、两年、十年、一百年，他们所做的业绩实际上没有任何进步。

这个公式道出了一个非常浅显的道理，那就是不要轻易忽视每一天的进步，哪怕这些进步很微小。只要是进步，那么就会在长时间的积累下爆发出惊人的力量。对任何一个人、任何一个企业而言，要想获得成功，就需要坚持每天都在进步，就需要时刻提醒自己不断去提高自己。如果今天完成了100的工作量，那么第二天可以尝试着完成101的工作量，第三天、第四天可以想办法去突破105的工作量。通过每一天的记录、对比来督促自己不断前进、不断提高，久而久之，就会发现自己变得越来越强大，自己离目标也越来越近。

7. 农村包围城市

我们的员工在面对困难时，一定要表现得更聪明一些。

——任正非

华为开始创业的时候，国内通信市场基本上被欧、美、日等七个发达国家所垄断，此外，部分国有企业也在国内市场拥有很大的影响力。作为民营企业的华为在技术、资本、人才全面落后的情况下，根本没办法在城市里和那些强大的对手竞争。

城市里的激烈竞争让任正非感到非常苦恼，毕竟华为想要发展就必须先在市场上站稳脚跟，而这恰恰是一个最大的难题。经过一段时间的思考，任正非突然想到了一个点子：既然城市里已经挤满了竞争者，那么华为为什么不尝试着另辟蹊径打开小城市的市场呢？小城市的市场并不成熟，发展空间受到限制，因此很容易被那些大企业所忽视；它们为了争夺大城市的市场，为了获得更高的利润，已经忽略了农村和一些中小城市；何况国际通信巨头的成功都是从大城市实现突围的，所以它们一直坚信占领城市市场才是发展的唯一出路。

大企业的战略规划实际上给华为预留了一个生存空间，而这对于先天条件不好、生存空间不大的华为来说无疑非常适合，所以任正非坚定不移地让华为选择小市场，并且希望通过“农村包围城市”来实现进一步的扩张。

任正非非常喜欢研读《毛泽东选集》，毛泽东军事思想的核心就是“农村包围城市，逐步占领城市”的策略，具体体现在“敌进我退、敌驻我扰、敌疲我打、敌退我追”的游击战原则。按照这些原则，华为要想实现发展，就必须先选择在“敌人”最薄弱的农村和落后省份开辟市场，把主要竞争对手的“兵力”引向力量薄弱地区，故意拉长战线，然后采取“人海战术”实现各个击破。

因此，华为开始将精力转向农村市场。为了更好地把握这些市场，华为当时采取的策略很简单，就是保持低价，并且尽可能提供最佳的服务。因为农村市场以及一些中小城市的经济发展水平有限，无法承担太多的费用，华为要想赢得市场份额就必须在价格上体现出优势，这样才能吸引客户的关注。

其次就是服务。那时候为了尽快地完成农村市场的建设，华为人工作非常拼命，工作效率很高，总是能够提前完成工作任务，这让客户们大开眼界。任正非曾经说过：“我们的责任就是无论在任何地点和任何时间都能够建起通信网。”这表明了华为开发农村市场的决心和信心。此外，整个公司都在用心对待客户，无论客户有什么要求都会尽量予以满足，无论客户提出什么问题都会尽可能地予以解决。任正非平时很少接见外人，可当时面对那些县级客户，任正非无论多忙都会抽出时间亲自接见，为公司赢得了良好的口碑。

虽然一些大企业后来也注意到了农村市场，可是华为总能够依靠低价和良好的服务赢得竞争，而且华为非常懂得如何使用“人海战术”来确保竞争优势。正是在农村市场的深耕细作，华为积累了大量的资本，而且也渐渐打响了名气。这个时候，华为看到农村市场渐趋饱和，开始试水大城市，希望在更大的舞台、更激烈的市场上获得发展的机会。

华为能够在农村市场获得成功，并不意味着就拥有足够的实力去挑战大企业，尤其是抢夺西方巨头的市场份额。虽然华为当时研发出了C&C08交换机，可是整体的研发水平和技术实力还是难以媲美那些强大的竞争对手。任正非对此心知肚明，所以他不建议华为快速发展，最好是采取谨慎的态度行事。毕竟农村市场的成功为华为积累了必要的资本和人脉，让华为有实力和竞争对手在城市通信市场打持久战，华为不用着急采取猛烈的进攻态势。为了试探客户的态度，华为采取了一个非常有效的策略，那就是每到一个新的市场，华为并不急着推出新产品，而是先免费赠送产品让客户试用，以此来引起客户的注意。

如华为准备进入四川时，市场生存环境非常恶劣，当时上海贝尔公司在当地占据了近90%的市场份额，其他公司想要挤入市场非常困难，而想要通过面对面的交战来赢得竞争更是不可能的。华为并没有气馁，而是制订了极其周密的进入计划。为了不引起上海贝尔公司的注意，华为以低调的姿态进入市场，并以免费的方式为客户布设接入网。

一段时间之后，华为在四川大部分地区都布好了网点，而上海贝尔公司对此居然没有任何察觉。由于悄无声息地完成了接入网的布局，华为实际上已经为交换机进入市场做好了足够的准备和铺垫，就这样，华为开始一点点蚕食上海贝尔原有的市场份额。等到上海贝尔公司发现华为的动向时，为时已晚，根本无力发起反击，因为华为依靠低价策略和优质的服务已经成功地从上海贝尔垄断的市场中抢占了70%的市场份额。

通过采取免费试用的策略，华为一步步打开了城市的缺口，然后凭借以低价和优质的服务为基础的营销策略，华为打造了立体的营销模式，开始将其他竞争对手从国内市场中排挤出去。

“农村包围城市”的策略实际上体现出了任正非非凡的战略眼光和商业布局的大局观，为华为未来的发展定下了一个基调。可以说，正是对这一策略的熟练掌握和运用，才使得华为制订了非常合理的国际化扩张计划。任正非将这种策略加以改进，并成功移植应用到国际扩张的道路上，确保了华为先从相对落后的发展中国家市场入手，进而慢慢转向发达国家市场，最终实现全球化扩张。

8. 不要轻易错过任何一块“盐碱地”

> 华为的成功在于坚持不懈地推进“鸡肋战略”，在西方大公司看不上的盐碱地上一点一点地清洗耕耘，而且薄利也逼着公司在很窄的夹缝中锻炼了能力，提高了管理水平。
>
> ——任正非

在某一次华为内部财经变革项目规划汇报会上，任正非提到“盐碱地”的概念。所谓盐碱地是盐类集积的一个种类，指那些土壤里盐分过高的土地，高含量的盐分影响农作物的正常生长，一些严重的盐碱土壤地区几乎寸草不生。任正非认为，国际市场上同样具有很多“盐碱地”，由于国际环境、政治因素、战争风险、环境因素的影响，企业在这些市场上的辛勤投入换来的可能是颗粒无收。

通常情况下，这类盐碱地是西方那些大公司看不上的。它们不可能冒着巨大的风险去投资，这就为华为的进入提供了机会。华为适度进入别人看不上的市场，一点点进行耕耘和扩张，不仅站稳了脚跟，打响了自己的品牌，还在困难重重的市场环境中提升了企业的应变能力、经营能力以及管理水平。

比如，华为在国际化扩张的初期将发展目标选为俄罗斯。俄罗斯当时还没有摆脱苏联解体带来的负面影响，国内的经济发展并不景气，而且市场容量很小。虽然很多西方企业也希望能够在俄罗斯打开市场，可是由于政治、经济、文化等原因导致市场一直难以形成较大规模。这种情形使得很多企业一方面拼命想要抢占俄罗斯这个新兴市场，另一方面又不太放心，担心自己可能会得不偿失，无法实现预期的回报率。

正是因为西方企业长期处于这种纠结的状态，才使得华为有机可乘。事实上，相比于西方那些企业巨头，华为当时还是一个不知名的企业，在俄罗斯市场上几乎不被任何人所熟知。华为只能伺机寻找机会，等那些不怎么耐烦的西方企业犯下错误，不久，华为就等到了这样的机会。有一家著名的通信设备商因为设备出现了错误被俄罗斯国家电信局所否定，华为乘机填补了这个空缺。

尽管如此，俄罗斯人对于华为仍然不放心，所以华为从俄罗斯国家电信局获得的第一张订单仅有36美元。但华为坚持不懈地拜访运营商管理层，经过七年艰辛的“冰雪之旅”，终于与客户建立了互信，结成了主要的客户群。到2001年，华为与俄罗斯国家电信部门已经签署了上千万元的GSM设备供应合同，并在之后的十几年里达到了几十亿美元的年收入。

历史总是惊人地相似，当年百事可乐也是通过苏联来打开国际市场的缺口，从而破除了可口可乐的绝对垄断地位。事实上，俄罗斯无论是在历史上还是今天，本身就存在着很大的矛盾性因素。它的国土大部分处于亚洲，偏偏将自己打造成欧洲大国形象，而欧洲人并不怎么认可俄罗斯作为欧洲国家的身份。再加上各种政治原因，使得俄罗斯常常成为西方企业难以割舍却又无可奈何的市场。

对于华为来说，俄罗斯是最佳的市场选择。任正非明白，在发展的道路上华为要想不断壮大自己的实力，就绝对不能贸然前往西方企业的主流市场去抢占业务，不能在西方主流市场上与大企业进行竞争，否则有可能会被淘汰出局，而最好的办法就是在一些西方企业不那么重视或者觉得难以盈利的市场和业务上做文章。

不仅俄罗斯是这样，非洲市场也存在同样的情况。尽管西方企业一度垄断了非洲市场，但是很多非洲国家由于常年处于贫困状态，经济实力弱小、种族冲突严重、疾病四处传播，这些不确定性的风险因素让一些西方企业望而却步。过去，很多企业在非洲市场的盈利情况并不乐观，而且风险非常大，为了弥补这种落差，只能采取高价格战略。这又为华为的闯入创造了机会，因为在同等条件下，华为产品的价格更加平民化，更加适合贫困的非洲国家。

华为这些年来能够在国际市场上快速发展并且获得惊人的成就，并非靠单纯的运气，而是一种高明的战略。华为的国际化道路是有步骤、有计划的，它善于寻找一些未被西方企业控制的市场，善于寻找一些被忽略的市场空隙，配合相对低廉的价格、出色的技术水平以及良好的服务，从而产生了巨大的市场吸引力。

很多人认为那些市场的盐碱地投入高、产出低，根本没什么前途。但是对华为来说，只要肯投入，只要用心投入，回报就会一点点增加。更重要的是，华为能够及时占领市场，能够在市场上站稳脚跟，这才是确保企业生存下去的首要条件。

这些年，华为加大了对国际市场通信业务的投入，成了世界上最强大的通信设备制造公司之一，但华为依然没有放弃那些市场上的“盐碱地”。一些竞争者不愿进入的市场，一些竞争者不愿参与的业务，华为都会想办法参与进去。它一直非常重视这些“鸡肋市场”，也善于把握这些“鸡肋市场”。

比如，三星集团。过去几年，三星一直都在加大无线网络业务的投入，可是作为该市场的后来者，三星在这一领域的表现并不突出。2015年前三季度，全球无线网络市场的收入规模为246亿美元，而三星电子只占有3.4%的市场份额，排名第六位。

事实上，三星公司在2G和3G时代缺乏足够的市场积累，导致其LTE市场布局仅限定在韩、日、美等少数几个国家，更多的运营商在4G建设上继续选择了原2G、3G网络供应商，这样就直接导致三星电子在LTE市场提前出局。中国移动曾经进行TD-LTE招标，这是世界上最大规模的4G基站建设，三星公司原本希望从中分一杯羹，可是由于技术测试不过关而丧失投标资格，这对它来说是一个致命的打击。

由于盈利能力持续下降，三星集团内部出现了很大的分歧和争议。很多高层不愿意继续为无线网络业务提供补贴，甚至有传言三星公司将出售无线网络业务。这样的传言显然并非毫无根据。在三星公司眼中，无线网络技术食之无味、弃之可惜，毕竟三星在这一领域根本不具备竞争力，而且巨大的投入并没有换来预期的效果，高层肯定不愿意再把钱撒在这块“盐碱地”上。

就在三星公司犹豫不决的时候，华为趁机加大了对无线网络市场的投资力度，并且对三星旗下的无线网络业务产生了足够的兴趣。只要三星同意出售无线网络业务，华为会在第一时间表达出收购的意向。尽管三星公司一再辟谣不会出售相关业务，可是华为已经虎视眈眈。即便三星真的不出售相关业务，华为也已经在该领域占据了主动位置，三星无法对它构成太大威胁。

有人觉得华为避其锋芒，转而看重竞争对手并不那么在意的市场，是一种不自信的表现，其实华为只是懂得如何更聪明地占领市场、实现扩张而已。在任正非看来，资本总是追逐着市场，只要有利可图就值得进入，毕竟“盐碱地”上也可以开辟出“绿洲”，而且竞争压力会更小。

9. 企业发展不需要完美主义

世界是在变化的，永远没有精致完美，根本不可能存在完美。追求完美就会陷入低端的事务主义，越做越糊涂，把事情僵化了。做得精致完美，就会变成小脚女人，怎么能冲锋打仗？以前我认为跳芭蕾的女孩是苗条的，其实她们都是粗腿，很有力量的；而且脚很大，是以大为美。华为为什么能够超越西方公司，就是不追求完美，不追求精致。

——任正非

任正非曾经认真分析过日本企业和美国企业，发现日本企业更注重打造完美和全面的技术，而它们也的确具备这样的技术优势。相比而言，美国企业更务实，在技术方面没有像日本那样做得非常完美精致，更注重技术的实用价值。日本企业追求完美的做法的确一度让它们的产品蜚声全球市场，日本货几乎成了技术的代名词。可是随着时代的发展，日本企业开始没落，诸如松下电器、索尼等传统企业已经跟不上时代潮流的发展，很大一部分原因就在于它们过于追求完美，对制造工艺过于苛求，对产品新技术过分着迷，却忽略了实用性。它们的产品质量很好，但一些非常新的技术根本不实用，而且成本费用高，所以最终失去了竞争力。

日本电子企业的没落给任正非提了一个醒，让他深刻地意识到完美主义不过是“雾里看花，水中望月”的幻影，看起来很美，但根本不现实，也不符合现实。他认为，最完美、最全面的未必就是最好的，

想要追求更好的东西并没有错，这是企业发展的一个积极信号，但是如果过度追求完美，想要确保任何细节、任何环节都毫无瑕疵，这可能会给企业的发展带来毁灭性的打击。比如，有的企业为了实现完美主义，不断地对一些边边角角进行打磨，不断地优化一些潜在的不足，不断进行改进和修饰。任正非虽然也建议华为员工要精益求精，要有工匠精神，可是他并不赞同无休止地打磨和改进，因为即使再小的变革也会增加成本，会对原有的秩序造成影响。

他一直都认为，一个正常发展的公司需要通过变革来提升整体的核心竞争力，需要通过改进来完善自身的缺陷，继而提升岗位工作效率，但这并不意味着公司就要频繁地进行变革。事实上，变革的频率越快、次数越多，公司内外秩序就越难以保持安定。他觉得：“变革究竟变什么，这是严肃的问题，各级部门切忌草率。一个有效的流程应长期稳定运行，不能因为有一点问题就常去改动它。否则，改变的成本会抵消改进的效益。已被证明是稳定的流程，尽管它的效率不是很高，除非我们在整体设计或大流程设计时发现缺陷，而且这个缺陷非改不可，其他时候就不要改了。”

从工作的本质来说，管理者既要注重效果和质量，同时也要兼顾成本，要兼顾体制内的稳定性。而完美主义者只会增加不必要的成本，会破坏原有的平衡状态。在这方面，任正非很好地做了表态，那就是企业

不需要做到完美，不需要无休止地改进和完善，只要达到标准，只要具备使用的价值，只要能够迎合市场的需求，那么就是成功的改良，就没必要耗费心力和资本去浪费时间，没必要一次次地破旧立新。

为了贯彻这个理念，任正非曾经提出了变革的七个反对原则，其中第一条就是“反对完美主义”。对任正非而言，改革不是全盘否定，不是大刀阔斧地建立一个完全新的体系，并不意味着要将所有的环节都打造得非常完美。完美主义是不实用的，而且很容易造成新的冲突。为了保持和谐的状态，华为并不主张快速的、完全的改革，而是主张慢慢进行改良，主张点到为止。更何况，纯粹的完美根本不存在。如果非要执着于完美主义，只会造成更大的内耗，也会对企业的发展产生误导。

在管理人才和用人方面，同样如此。任正非提倡的是人才的实用性和适用性，强调的是让最合适的人出现在最适合的岗位上。尽管华为在招收新人时一直都非常看重学历，但这种高学历是相对而言的，专业技能才是华为非常看重的因素。华为从来不会盲目招人，也不会以完美的标准来衡量人才，它需要的是一些专职人才。任正非认为学历在一定程度上代表着人才的素质，但高学历却不能代表一定就适合所有的岗位。一个企业需要的不一定是最好的人才，而且永远都不可能找到“最好”，最重要的是能够达到人才和职位的匹配，这样才能发挥出人才的优势和价值。

过去有很多人在公司任用人才时会提出异议，认为这个人有缺点，认为他在某方面做得很差，任正非没有理会这些意见，而是坚定不移地任用人才。他知道这个世界上根本就不存在完人，任何人身上都会有缺点，只要这些缺点不会影响工作，不会造成太坏的影响，那么就没必要吹毛求疵。

任正非说，一个好的企业需要包容性，一个好的管理者也需要包容性。而这种包容不是盲目的，不是毫无节制的，而是一种针对性的包容。只要这些缺点不会造成太大的影响，只要这些缺陷不会对整体的运作造成阻力，就可以不必太过在意，企业可以适当做出协调。就像一个芭蕾舞演员一样，苗条的细腿搭配上优美的舞姿固然更好看，可是片面追求完美好看而想办法削减腿部肌肉，那么芭蕾舞演员最终可能连站都站不稳。所以有时候不刻意追求完美，反而会达到最佳的状态。

正是因为多年来反对完美主义，反对无意义、无休止地改进，华为的发展一直非常稳定，而这也确保它能够在国际市场上越走越远，路越走越宽。

第二章 Chapter 2

管理首先是对人的管理

管理是指管理主体有效组织并利用其各个要素（人、财、物、信息和时空等），借助管理手段，完成该组织目标的过程。管理通常分为五个职能，分别是计划、组织、人员管理、指导与领导、控制。由于人是管理中最重要的要素，因此从某个方面来说，管理的最大职能就是人员管理，或者也可以说管理首先就是做好对人的管理。

The nature of the business

1. 不让“雷锋”吃亏，增强员工归属感

> 管理者与员工之间矛盾的实质是什么？其实就是公司目标与个人目标的矛盾。公司考虑的是企业的长远利益，是不断提升企业的长期竞争力。员工主要考虑的是短期利益，因为他们不知道将来还会不会在华为工作。解决这个矛盾就是要在长远利益和眼前利益之间找到一个平衡点。我们为此实行了员工股份制。员工从当期效益中得到工资、奖金、退休金、医疗保障，从长远投资中得到股份分红，由此避免了员工的短视。
>
> ——任正非《华为的红旗到底能打多久》

在华为内部会议和座谈会上，任正非曾经多次强调“不让“雷锋”吃亏”。这里的“雷锋”指的就是为华为辛苦工作并做出贡献的员工。如何才能让“雷锋”不吃亏呢？最简单、最直接的解决问题的原则就是基于更多的尊重、更多的物质保障。

这句话听起来有些矛盾。在传统的思维和理念中，“雷锋”是乐于

奉献、主动奉献且不求回报的代表，为什么还要花费精力给“雷锋”进行一些物质上的褒奖和补偿呢？这种矛盾其实恰恰显示出了任正非高明的用人策略。他认为在市场经济时代，物质奖励是非常有必要的。他曾经说过一句话：“华为价值评价标准不要模糊化，坚持以奋斗者为本多劳多得。你干得好就多拿钱，我们不让‘雷锋’吃亏，‘雷锋’也要是富裕的，这样人人才想当‘雷锋’。”这句话中有两层意思：首先是华为的价值评价标准必须做到公平公正，必须坚定不移地实施贯彻下去，始终保持明确的评价标准；其次就是“雷锋”也需要钱，而且钱能让“雷锋”产生更大的积极性，能产生更多的“雷锋”。

任正非很少谈论赚钱。他一直都觉得华为的最终目标并不是为了赚钱，他也建议自己的员工不要总是将赚钱当成唯一的目标，不过这并不意味着他不重视钱，不重视金钱的作用。企业发展需要钱，人员的管理同样需要钱。公司需要一笔钱来赢得员工的信任，需要利用更高的工资、更好的福利来满足员工的需求。

正因为如此，任正非多年来都致力于完善员工福利体系，都在想办法满足员工的物质需求，最终的目的就是笼络员工，增强员工的归属感，让他们能够更加安心地坚守在自己的岗位上，希望他们能够坚持和华为一同走下去。当然这些福利并不是盲目的施舍，而是依靠标准的考核体系来进行分配。只要员工为公司做出了贡献，那么公司就会对他进行回报，为他提供高于业界的薪酬，以及良好的工作、生活、保险、医疗保健条件。

比如，华为颁布的《华为基本法》中第六十九条就明确做出了规定：华为保证在经济景气时期和事业发展的良好阶段，员工的人均收入高于区域行业相应的最高水平。这不仅仅是在做表面文章，其实和国内其他同类型的企业相比，华为的工资和福利都是首屈一指的。2007年，有关机构曾经做过一次统计，结果显示：华为最基层员工的年薪平均为16万元，普通经理层平均年薪为50万元，公司级高管则高达数千万元，而国内同行业、同一位置人员的薪酬远远低于华为。

为了吸引人才和留住人才，华为多年来一直加大薪资和福利的投入。如在华为刚创办的那几年，公司制定了一个非常有吸引力的政策，那就是只要被通知可以参加面试的应聘者，不管最终能不能被录用，公司都会为其报销往返的飞机票。而被录用的员工，到岗后能够立即领取一个月的安家费，以解决暂时性的资金短缺问题。

这些人性化的设计让很多刚毕业的大学生对华为充满了向往，这也为华为的人才招收计划奠定了良好的基础。对于面试者和新加入的员工尚且如此，对于那些已经在公司里兢兢业业上班的员工来说，享受到的福利就更多了，其中最吸引人的莫过于年终的股票分红。

任正非曾经提出了“工者有其股”的观点，尽量让每一个为华为做出贡献的人都能够享受到华为的股利。作为一家大型且没有上市的跨国公司，任正非在企业发展壮大的那几年完全可以独自掌控公司的股份，或者和其他民营企业家一样，动辄就掌控超过50%的股份。

可是，任正非并没有那样做。他觉得华为想要发展，不是依靠自己一个人或者少数几个人的力量就可以办到的，必须尽可能联合更多的力量、发动更多有才能的人为企业的发展多做贡献。回报作为共享机制中的一部分，就需要将股份这个大蛋糕分给更多的人，让更多的人享受到企业发展带来的股份红利，这样就等于将个人利益和集体利益捆绑在一起了，那么员工的工作积极性自然也就越高了。

任正非虽然是华为的创始人，但是多年来一直在主动稀释自己的股权。截至2009年12月31日，华为控股的股东深圳市华为投资控股有限公司工会委员会的持股比例为98.58%，任正非持股比例仅仅为1.42%，这个委员会的作用就是代表员工管理他们所持有的股份。换句话说，华为98.58%的股份实际上被分给了华为的其他员工。

很显然，在巨大的经济利益面前，任正非没有独自享用这些财富，而是采取“利益均沾”的原则让更多的员工享受到资本增值带来的财富。2001年底，华为将此前“一元一股”的内部股票改为“虚拟受限股”，公司会根据员工对公司做出的贡献来决定其能够获得的股份，取得认购资格的员工按照公司当年净资产价格购买“虚拟受限股”。截至2011年，这种“虚拟受限股”在华为内部已经派发了98.61亿股，超过6.55万名员工持有股票。

这足以让员工们奋勇前进，保持极佳的工作状态并拥有强烈的归属感。员工明白，自己要想获得丰厚的回报、要想从股利分红中获得更多的钱，唯一办法就是想办法为公司创造更多的价值。

正是依靠这些高工资和高福利，华为一步步将员工培养成为“雷锋”，一步步引导更多的人主动成为“雷锋”。这些利益分享的政策将所有的华为人紧紧捆绑在了一起，使得公司真正成了一个整体。事实上，这么多年来，华为的员工流动性一直很低，员工的忠诚度和归属感在业内比较强。除了一些辞职去创业的人，几乎很少有员工会被其他公司挖走，这恰恰证明了任正非对人才的重视以及在人才管理方面的非凡智慧。

2. 干部必须从实践中来

任何一个变革最重要的问题是一定要落地。不能落地也不能上天，浮在中间，那什么用也没有。因此，我们认为，任何一个变革，不在于它的开工，不在于它的研讨和推行，而在于这个项目是否落地，能否真正地起到切实的作用。

——任正非

在一次华为内部进行的产品市场推广讨论大会上，某部门经理依据过去几年的工作经验提出了一个推广方案。这时候，有一个具有两年工龄的员工突然对这个方案提出了质疑："这样的推广方案有没有理论支持？"

质疑是每一个华为人的权利，而且公司也欢迎更多的人对他人的工作提出不同的意见和建议，不过这个员工的话一说出口，在场的人立即投来了责备的目光，经理的脸色更是阴沉难堪。按照经理的理解，这个员工虽然是研究生毕业，具有严谨的研究思维模式，知识水平也很高，但是对于一个工作了两年的员工来说，至今仍然用学院的那一套逻辑来做非学院的实践显然不能让人满意，所以经理最后狠狠责备了这个缺乏实践锻炼的员工。

“参加实践活动”“进行实践检验”是华为文化的一部分。在华为内部，任何一个理论、任何一个观点都需要进行实践检验，任何一个干部要想获得提升，同样需要参加实践活动。“猛将必发于卒伍，宰相必取于州郡”是华为的一个重要口号，公司内部一直都在倡导这种实践检验人才的标准，并以此作为人才考核的一个重要方式。

任正非曾经明确表示“无实践经验的人不能提拔和重用”，因为没有在实践活动中历练过的人根本没有任何管理经验和能力。他将那些没有经过实践锻炼的机关人员称为职员，这些人缺乏实践的历练，不了解基层工作的情况，常常只懂得纸上谈兵、夸夸其谈，遇事畏畏缩缩，根本拿不出具体解决问题的方法，也承担不了责任，因此根本不适合做管理人员。

正因为如此，任正非要求所有干部必须从基层做起。比如，华为在招聘新员工后，无论对方是海归博士还是毕业于名校的高才生，都一律从基层工作做起，都会被安排在基层工作岗位上。过去，公司曾经从哈佛法学院招聘了几名博士并且将其当成座上宾，不仅给予高薪，还给予更高的职务，可这些博士带来的一些工作流程和方法根本不适合华为的实际情况。很显然，由于他们缺乏实践历练，以至于那些看起来非常不错的理论与现实完全脱节。

经历过这件事后，公司更加注重人才的基层锻炼，就连一些过去参加过实践活动但是缺乏更多基层实践经验的干部，任正非也会重点予以批评，并且会委派他们去一线接受锻炼。在他看来，干部只有深入基层去考察和锻炼，只有参加具体的实践活动，才能了解更多的工作信息，才能了解最真实的工作情况，才能了解员工的真实想法和需求，如此才能方便干部推行并完善自己的管理。

这样做的目的就是为了提升干部的管理水平，杜绝那些只注重理论知识、沉迷于理论研究和纸上文章的“书生干部”。如在企业中，很多管理人员平时最喜欢做的事情就是开会，最喜欢大谈各种思想、各种理论、各种观点，他们更擅长用专业性的、说教式的理论知识来进行管理布局，来指导下属的工作。可是他们并没有尝试深入基层了解情况，也不知道企业发展的现状，更不知道企业最需要的是什么。由于脱离了实际情况，这些理论知识到最后都成了空谈，不仅不能起到指导作用，还因为瞎指挥而影响了企业的正常运行，阻碍了企业正常的发展。

为了能够充分挖掘每个员工的潜能，华为特意设计了著名的五级双通道晋升模式。公司内部会为每一个员工准备两条不同的职业发展通道：第一条是专业通道，第二条是管理通道。这两条通道是平行的，没有交叉，所有员工都可以根据自身特长和意愿，估算自己的实力，从而为自己选择一条最合适的职业发展通道。为了强化这两条通道的过滤功能，公司在每个通道中设置了若干等级，只有连续三年绩效达到12分，才有资格申请更高一级。而想要达到12分，就一定要在实践中接受锻炼，要参加实践活动来提升自己的能力。

这么多年来，华为的内部人才基本上都是通过这两条通道源源不断地输送上来。无论是技术人才还是管理人才，他们都经受住了实践的考验，都具备了丰富的实践经验。对于基层工作的体验、对于员工的了解、对于流程的认识，都达到了一定的水平，完全能够应对当前的管理工作。

实践出真知。好的理论都是从实践中产生的，也只有实践才能真正提升个人的管理水平，才能丰富个人的管理知识，也才能让那些从书本上学习到的管理知识真正发挥出应有的功效。任正非说：“任何一种理论本质上都是不值钱的，因为所有的绩效都是通过劳动和实践创造出来的。”社会学家也认为个人能力的90%来源于实践活动，那些参加实践活动的人，他们在个人的技术、胆识、谋略、见识等方面都要强于那些只动口不动手的“理论家”。所以干部必须从实践中产生，必须利用自己丰富的实践经验来完善自己的管理工作。只有这样，企业整体的管理水平才会提升，企业的管理理念才会得到更好的落实。

3. 中高级领导的岗位轮换制

去年（2000年）我们动员了两百多个硕士到售后服务系统去锻炼。我们说，跨世纪的网络营销专家、技术专家要从现场工程师中选拔。凡是到现场的人工资比中研部高500元，一年后，他们有的分流到各种岗位上去，有的留下做了维修专家。他们有实践经验，在各种岗位上进步很快，又推动新的员工投入这种循环。这种技术、业务、管理的循环，把优良的东西带到基层去了。

——任正非

在IBM公司，在新年第一天上班时，员工们见面后的第一句话通常不是“你好！”，也不是礼貌性地谈论天气情况，他们彼此问得最多的一句话就是：“你今年到哪个部门工作了？”之所以会出现这种奇怪的现象，原因就在于IBM公司一直都在实行一种名为“2-2-3”的岗位轮换制度，即一名员工在一个职位上工作2年，上一年的绩效考核是2（即良好）以上，用3个月时间处理完在原职位所遗留的事务之后，就可以申请调换岗位。因此，很多领导常常每过一段时间就要调换岗位。不管是中层管理者还是普通的员工，他们已经习惯了在任何上司的领导下有条不紊地工作，而正是因为轮岗制度的实行，IBM获得了高速的发展，在企业管理中也爆发出了旺盛的生命力。

作为IBM管理模式的学习者，华为也建立了属于自己的干部岗位轮换制度。华为的某个副总裁给公司写了一个报告，建议任正非对企业中的高层领导采取“一年一换”的策略。这样就不容易形成个人权力和利益圈，也不会导致公司发展出现失衡的现象。任正非觉得很有道理，于是采纳了这条建议，并且迅速展开了高级领导进行轮换的相关工作。

当时，华为为干部轮换制定了两个策略。第一种是所谓的业务轮换，即安排员工做其他业务，如让研发人员去搞中试、生产、服务，让他们对相关的产品有更为明确的理解，从而指导他们接下来的研发工作。任何一个研发人员要想成为高层资深技术人员，都需要相关的工作经验，需要经受住各种实践的考验。

第二种干部轮换则是岗位轮换，即让高级干部的职务在固定的时间内发生变动或进行轮转。如果说业务轮换通常是为了工作的需要，那么岗位轮换更多体现的是管理的需要。正是因为如此，在华为内部，几乎所有的员工都有过轮岗的经历，而这种岗位轮换制度在中高层管理者之间往往要更加频繁。华为明确规定，中高级干部必须强制轮换，像华为前执行副总裁毛生江的职业经历就很具有代表性。毛生江自从1992年进入华为之后，在13年的华为生涯中，个人的工作岗位竟然神奇地横跨了8个部门，职位也随之高高低低变动了8次，他先后担任过华为研发部经理、生产部总经理、终端事业部总经理、华为电气副总裁、华为山东分公司总经理、华为市场部副总裁、华为国际营销部副总裁、华为高级副总裁等一系列职务。

这些不同岗位、不同职位的轮换体验正是华为中高层管理者身上一种典型的特质，绝大部分领导都拥有过好几个职位和头衔。这些干部被调换岗位的原因也多种多样，有的人是因为工作表现不佳，无法在岗位上做出与职位相匹配的成绩，最终被调离到其他岗位上；有的人是因为业绩太突出，已经超出了预期水准，因此需要被提拔到更高的位置上，或者公司希望这些人能够去新的岗位上传播和推广工作经验。

华为之所以会实行干部岗位轮换制度，目的有几个：首先，岗位轮换有利于公司管理技巧的传播。在某个岗位上待久了，他会形成自己的经验和理论。一旦换岗位，他会将这种经验和理念带到新的岗位上，而那些换到这个岗位上的补充者则会带来新的经验和管理知识，这样就实现了内部的交流和分享。

其次，岗位轮换避免了“老干部长期把持要职，掌控权力，而有能力的新人难以上位”的尴尬局面。不仅可以破除权力职位的垄断和小利益团体的出现，还可以为一些优秀干部的快速成长和个人发展创造良好的条件。

第三，通过这种岗位轮换制度，华为不仅促使员工和管理者掌握了多种技能，培养出适应力强、综合素质高的人才，还促进了各部门之间、业务流程各环节之间的协调配合。

更为重要的是，华为这种人才内部流动制度不仅使人力资本的价值发挥到了最大，同时也带来了更加稳定的体系，一旦华为遭遇动荡的外部环境也能保持高速的发展，不会受到任何干扰。有关华为的轮岗制度，很多人给予了很高的评价，认为华为的每一名员工就像是一台精密仪器中的螺丝钉。即使有人离开，也会马上有合适的人补充上来，因此某个人的离去对整台仪器的运转不会产生任何不利影响。

从干部的角度来说，他们在华为内部可以领到很高的薪水，而随着业务的不断纯熟会渐渐对工作失去兴趣，为此常常会感到无聊。在这种情况下，岗位轮换能够给员工带来新的环境和新的挑战，具有类似于跳槽的新鲜感，这些都有助于干部保持足够的积极性，同时为自己日后提供了良好的职业发展空间。

4. “上层做势，基层做实”

我们有务虚和务实两套领导班子，只有少数高层才是务虚的班子。基层都是务实的，不能务虚。

——任正非

任何一个企业都有明确的分工，尤其是基层人员和上层人员之间的权职界限一定不能模糊，更不能混淆。不过在很多企业中，往往不清楚上层人员要做什么、基层人员要做什么，不清楚上层人员重点要做什么、基层人员重点要做什么。

在面对这个问题时，任正非明确提出了“上层做势，基层做实”的理论，并将其作为华为工作体系中的重要理论。为了推行这一理论，任正非特意将员工分为高、中、低三个层级，而且赋予了每一个层级不同的职责。

他首先明确了高层人员的职责，即集中精力做好企业的蓝图规划和战略制定工作，为员工提供行动的动力和指南。他们的工作任务主要包括制定企业战略目标、确定战略措施、评议和挑选干部、进行监督控制。在任正非看来，企业要想获得更为长远的发展，就必须先制定宏大的远景蓝图和明确的战略目标，这些计划和目标具有强大的指导意义，能够激发员工的工作动力，引导员工的工作方向，并且提升团队的团队意识。反过来说，如果一家公司没有发展目标，没有明确的发展规划，那么企业就会陷入混乱无序的发展状态，变成一只无头苍蝇。不仅如此，任正非还明确了中层人员的职责，那就是制定规划和任务。他们和上层领导一样，都属于做势。

等到所有的工作安排妥当之后，就需要一个执行者来完成这些目标和计划，将这些工作一一落实好。换言之，就是要及时执行下去。这个执行者，其实就是基层员工，他们的职责就是执行命令，将上层的工作计划和目标完全付诸具体的行动当中。

不同的阶层有着不同的职责，不同的职位有着不同的工作，上层要做的是制订计划，基层要做的就是执行计划。从制订计划到执行计划，其实就是一个企业最基本的工作流程和运作模型，而这个流程要想顺利完成，最关键的就是要做到职责分明。一般情况下，华为的高层管理者在制定工作目标后，会将工作目标分解到各个下属部门；而部门的功能在于推动目标的实现，并及时进行监督和考核；接着部门又将工作分配到每个团队以及员工手中，各部门的员工要做的就是按质按量按时地完成这些目标。

不过，这种权责分明的制度在实施的过程中往往会出现问题，很多公司在发展过程中会出现管理混乱的状况，其中很重要的一个原因就是高层人士和基层员工明确了自己的职责，却没有很好地执行下去。可以说，他们意识到了自己应该做什么，却没有约束自己去做好分内之事。如很多上级喜欢开会，经常大谈理念和理论创新，却脱离实际情况，下达的各种命令根本无法实施。此外，很多时候，上层领导缺乏一个系统的、稳定的规划，常常将公司的战略规划改来改去，难以拥有一个明确的目标和方向。结果下层的员工在执行命令时根本搞不清楚自己要执行哪个工作计划，理解不了上层领导的真正意图，以至于工作一直都没能好好执行下去。

从企业发展的经验来看，多数企业的发展并不愁好的建议、好的目标以及好的战略规划，根本性问题是缺少一大批合格的优秀的执行者，能够将规划和目标付诸实施，这才是企业真正应该关心的问题。

有时候上层领导的计划和任务非常合理，也符合企业发展的需求，只不过下层人员的执行力不强，执行者常常自作主张，不听从上边的命令或者借故拖沓，以至于错过了最佳的执行时间，或者不能保质保量地完成，甚至干脆不能完成。这些情况同样会导致企业的发展遭遇停滞，影响企业战略目标的实现。毕竟真正为企业创造利润并且推动企业向前发展的永远都是执行命令的人，执行力低下，企业的发展也就无从谈起。

正因为不同层级、不同流程的人都可能出现问题，任正非希望给这个流程加上一把锁，以确保流程上的每个人都能够按质按量地完成自己的分内工作。为了完善这个流程、强化职责，任正非特意推行了严格的绩效责任制，目的就是为了确保所有的人都能够做好自己的本职工作。比如，他曾经要求所有的干部都要签订《绩效承诺书》，即有针对性地对每一个干部提出一个工作目标和绩效标准。首先，公司会统计干部前一年的工作成绩以及完成的工作指标，然后对新一年的工作提出新的要求和目标，包括客户满意度、人均销售收入、销售订货、销售发货、销售净利润等指标。接着，管理者会将这些指标进行分解，确保下一层级的干部对自己管理的部门负责，并对这些指标立下“军令状”。而基层管理者会要求和命令员工执行下去，确保按时完成上级的工作任务与目标。

通过严格的绩效考核制度，就可以明确知道谁完成了工作任务，谁没有完成公司规定的任务和要求，然后按照考核的标准分别予以奖惩。这样就能够强化他们的职责，同时也能够让上层领导和基层员工相互配合，使得上层的战略规划与现实情况能够有机结合起来、上层的理论指导和基层的具体实践结合起来，从而确保各项规划能够落到实处，并保障企业能够更加平稳地发展下去。

5. 人才培训计划

华为不光为自己培养人才，还在为社会培养人才。这些员工到社会上后，也是社会的财富。

——任正非

随着科技的发展，人才已经成了企业发展的第一要素。很多企业都非常注重人才的招收工作，像国外留学的，硕士、博士生毕业的，专业能力突出的，外企工作过的，这样的人才几乎成了所有企业的香饽饽。不过也有一些公司不喜欢一味地从外界引入人才，他们更看重内部的培养，更希望通过持续不断地培养来实现企业内部人才的新老更替，确保企业的人才不会出现断层。

在人才培养方面，很多企业由于缺乏一个合理的培养计划、合理的培养机制，以至于培养的方法比较落后、培训的方法比较单一、培训的投入也比较少，因此很难完成比较完善的人才梯队建设。

在这方面，华为比很多公司做得都好。多年来，公司内部的人才供应一直都以内部培养为主，尽管它此前也从国外引入过一些高端人才，可是效果并不理想，因此任正非决定加大内部人才的培训力度。毕竟不是所有的人才都适合华为，而且大部分人才都无法做到即到即用，最好还是通过培训来完善和提升他们实际的工作能力。

为了确保人才培训计划能够更好地实施下去，任正非要求公司必须建立起合理的人才培养机制。为此，他亲自跑到国外去进行考察和分析，希望能够从西方先进国家那儿汲取营养。后来他在日本发现，那里的企业中非常盛行一种培训制度——“教父制”。这种制度和“黑帮制度”并没有关系，而是一种传帮带的管理机制。也就是说，为了让那些新入职的员工更好更快地融入工作当中去，为了让他们能够更好更快地掌握工作技能，企业会刻意安排一些老员工和管理人员进行辅导。

任正非觉得这种“传帮带”的制度非常实用，而且也适合华为发展的需要，为此他果断从日本企业引入了这个先进的人才培训制度，并将其命名为“导师制”。公司专门为每一个新入职的员工配备一名相应的导师进行指导。导师会详细讲解工作中的细节，传授各种工作经验，并尽可能地让新员工了解工作的一些基本运作原理，这对那些刚从书本理论中脱离出来的新人很有帮助。

经过一段时间的尝试，任正非发现导师制的推行效果有好有坏。除了不同人才、不同导师之间的素养差异原因外，更多时候可能是培训落实不到位。一方面员工学得不够认真，马马虎虎应付了事；另一方面则可能是导师为了保持自身存在的价值和优势，并不愿意传授给其他人更多的知识和经验，所以往往教得不够好、不够负责。为了避免出现导师培训不到位的情况，华为很快制定了相应的奖惩制度，将人才培训计划和导师个人的业绩考核捆绑在一起。

公司做出了明确的规定：企业的导师必须尽可能帮助员工成长，为此需要在定期的述职报告中明确讲述自己该如何帮助员工、培养员工。

一旦员工没有进步或者没有得到提拔，那么导师相应地就很难获得提拔。这样一来，导师和新员工之间的利益关系被紧紧地捆绑在了一起，一荣俱荣、一损俱损。无论是对导师还是对新员工来说，都是一种很大的压力。为了不至于落伍，导师和接受培训的员工之间通常会密切配合，践行公司的培训计划。

华为一直是一个非常注重经验积累和经验学习的企业，总是善于借鉴过去的发展经验来指导当下的工作，在人才培训方面同样如此。任正非认为，真正对新入职的员工有帮助的人应该是那些老员工，他们的工作经验更丰富，更知道该如何从容应对工作当中出现的状况，因此在指导方面更具发言权。不过老员工的人数毕竟有限，而且他们不能因为培训新人而耽误了自己的工作。为了解决这个问题，任正非想了一个好办法，他建议公司继续聘用那些到了退休年纪的老专家、老员工，让他们留在公司里，将自己的工作经验和技术传递给更多的新人，从而达到经验传承的效果，确保更多的新人能够快速成长起来。

让有经验的人带动新人，让有经验的人管理新人，几乎成了华为一道亮丽的风景线，这也是确保华为能够实现人才更替的一个重要保障。可以说，除了创业初期遭遇人才匮乏的危机之外，华为在之后二十几年的发展过程中从来没有出现大面积的“人才荒”，老员工退休之后，总有大批新人及时顶替补充上来。

任正非也明白，人才培养是一项大工程，并不是简单的某一个制度、某一种方法就可以完成的，它需要一个系统的、全面的体系来支撑。所以除推行导师制外，华为在公司内部主动开设了各种各样的培训课程。公司在招收新人之后，会对他们的能力和特点做一个大致的了解，然后分析和确定公司内部对各类人才的需求，最后对不同类型的人才相应地进行归类，针对性地将他们放入不同的资源池中进行系统的培训。具有研发特长的新人，会被安排学习和研发相关的培训；倾向于市场营销的新人，会进入市场营销培训课接受培训；喜欢财务知识的新人，则专门接受财务方面的培训。

不仅如此，公司规定每一个新人都要进入基层去参加实践活动，即接受不同培训知识的新人必须进入相应的部门进行考验，要在岗位上实现理论和实践的精确结合。可以说，不同的课程能够满足不同类型人才的需要，也能够满足公司发展的需要，从而为公司真正培养出专业性的人才。

到了1997年，华为又建立起比较完善的任职资格管理体系，以此规范了人才的选拔和培养标准。这个任职资格管理体系与导师制、课程安排的培训计划相得益彰，共同构建了一个科学、完善、系统的华为人才培训体系。

6. 末位淘汰制下的竞争法则

我们提倡能上能下，在实践活动的大浪淘沙中，我们要把确有作为的同志放在岗位上来，不管他的资历深浅。我们要把有希望的干部转入培训，以便能担负起更大的重任。我们也坚定不移地淘汰不称职者。

——任正非

自从20世纪90年代中后期开始，华为就开始走上了快速扩张的发展道路，一度被其他竞争对手称为狼群。20多年过去了，华为仍然保持着强大的竞争力，依然表现得像狼一样令对手恐惧。很多人都在疑惑，在国内，很少有民营企业能够像华为一样，数十年保持高度的注意力。为什么华为能够长时间保持这样的竞争力，又是什么推动了华为的竞争意识在人才更替中顺利传承?

如果说华为表现得像狼一样，那么只能说华为比任何公司都更懂得居安思危的道理，比谁都更懂得保持强烈的危机意识。任正非认为，一个企业发展过程中的最大阻碍就是危机意识薄弱，他曾经说过："十多年来，我天天思考的都是失败。对成功视而不见，也没有什么荣誉感、自豪感，只有危机感。”整个企业的发展并不是自己一个人就能够决定的，他同时也希望员工能够保持高度警惕性和危机意识。2001年3月，任正非发表了《华为的冬天》这篇文章，提出了一个非常严肃而现实的问题：“公司所有员工是否考虑过：如果有一天，公司销售额下滑、利润下滑甚至会破产，我们怎么办？我们公司的太平时间太长了，在和平时期升的官太多了，这也许就是我们的灾难。”

当时，华为发展势头良好，几乎没有遇到什么太大的阻碍，可是任正非认为无论是外在还是内在环境都可能会对企业的发展造成毁灭性的影响。为此他必须培养员工的危机意识，这种危机感不仅仅表现在对企业外部发展环境的关注和警惕，也表现在内部的竞争之中。他希望公司内部的所有人都能够保持专注，保持强烈的竞争意识。

在《华为的冬天》这篇文章中，任正非这样说道：“如何在市场低潮期间培育出一支强劲的队伍来，这是市场系统一个很大的命题。要强化绩效考核管理，实行末位淘汰，裁掉后进员工，激活整个队伍。”在这句话当中任正非特意强调了一点，那就是重点打造一支强劲队伍的重要性，这是企业获得生存和竞争优势的关键。该如何去打造一支有竞争力的强大队伍呢？最好的办法就是通过内部的考核和淘汰制度实现内部的优胜劣汰，激活队伍的活力，从而确保队伍的竞争力和战斗力。

在华为，最重要的一个考核制度就是末位淘汰制。所谓末位淘汰制，指的是那些绩效排在最后5%的员工可能会受到公司的惩处，甚至直接被淘汰掉。在一个企业中肯定有人会成为那个倒数的5%，肯定会有人在整个队伍中面临被淘汰的风险，这种淘汰制度虽然有些残忍，但是对华为的发展至关重要。首先，它能够促使华为及时淘汰那些技术能力相对落后的人，确保队伍始终保持最强大的战斗力；其次，对于员工而言，公司内部的员工基本上都是精英，因此对每一个员工来说，他们的竞争对手都是非常强大的，稍有不慎就可能会被对方淘汰，因此他们必定会保持高度的危机意识，并且想办法去努力提升自己的能力。

实际上早在1999年，华为曾经就有过一次大范围的淘汰事件。当时中国移动从中国电信中分拆出来，导致了华为的订单大幅度减少，很多员工都没有达标。公司做出了淘汰10%的决定，此举引起了很大争议，但也给每一个员工提了一个醒，让他们意识到自己不可能永远安安稳稳地每个月从公司领走大笔薪水。

在绝大多数时候，公司的淘汰率都控制在5%以内，会对那些不合格的员工、工作表现不佳的员工，予以降薪和降级处理。任正非自己也承认，末位淘汰制更多时候针对的是不努力工作、不能胜任工作的落伍者，而不是变相的裁员计划。对于华为来说，由于现金充足，根本没有必要进行裁员，也没有大的结构性的裁员计划。但是5%的指标对于多数人而言，仍然是一把悬在头顶的达摩克利斯之剑，让他们时时注意自己的竞争环境和工作状态。华为正是依靠这个考核制度来激活整个队伍，保证整个队伍不会陷入一种僵化的、麻木的、不知进取的状态。

任正非曾经去国外考察，发现美国通用电气公司之所以100多年来都保持强大的竞争力，就是因为实施了“活力曲线”的淘汰制度；而西点军校能够几百年保持活力，也是因为实施了末位淘汰制。这些组织能够保持基业长青，能够在各个竞争年代都保持活力，就是因为他们内部的换血措施做得非常到位，就是因为他们能够通过不断的内部淘汰和内部更新，来保持与时俱进的姿态，确保自己不会被新时代的发展所淘汰，而这恰恰是任正非和华为最最需要的。

换个角度来说，末位淘汰制的实施就是要打破“进入华为就等于抢到了金饭碗”的思维，就是要时刻提醒所有的华为人一定要保持向上的奋进姿态，保持高度的专注度和危机意识，千万不要轻易被别人赶超，否则下一个离开华为的就是你。出于这个目的，华为一直都强调一定要将这个制度彻底贯彻下去，因为公司总是需要新鲜的血液，而一些老化的、陈旧的、失去活力的瘀血则要及时排出体外。只有保持新老更替和循环，才能让企业长久地发展下去，才能让企业保持长久的竞争力。

7. 坚持自我批判

> 华为还是一个年轻的公司，尽管充满了活力和激情，但也充塞着幼稚和自傲，我们的管理还不规范。只有不断地自我批判，才能使我们尽快成熟起来。我们不是为批判而批判，不是为全面否定而批判，而是为优化和建设而批判，总的目标是要导向公司整体核心竞争力的提升。
>
> ——任正非

无论是对个人还是对一个企业来说，最值得担心的事情并不是出现错误，不是有很多缺点，而是出现这些错误和缺点时没有立即去承认和加以改正。在很多时候，为了保持更好的形象，为了让自己看上去更强大，我们常常会选择忽略或者掩饰自身的缺陷和不足，会主动过滤掉那些错误，而这种自欺欺人的做法只会让自己在错误中越陷越深，将缺陷不断放大。

任正非是一个非常理性的人。他意识到，如果企业对自己的不足选择视而不见，那么将会成为重大隐患。所以他随时欢迎外界对自己、对华为提出各种批评，他也会虚心接受各种合理的批评，希望借助外界的批评来进行自身的修复。不仅如此，任正非还提倡公司内部的所有人员、所有部门进行自我批评。如果说批评是一种止血行为，那么自我批评不仅仅具有止血功能，更是一种预防出血的好方法。他多次在华为内部进行轰轰烈烈的自我批判运动，并且培养了一种自我批判的文化氛围。

首先在市场营销系统内进行自我批判。这个系统和部门处于最前线，是最敏感、最活跃的部门，而且也是掌握企业发展命脉的重要部门。市场营销部门如果故步自封，不积极进取，那么就会和市场脱节。任正非建议，市场营销部门的每一个职员、每一个管理人员都要进行自我批判，迅速地调整、改正一切必须改正的错误，尽早地意识到自身存在的缺陷和问题，从而更好地融入市场发展的环境中去。比如，集体大辞职事件，从本质上说，就是市场营销部门所有成员一次思想上、精神上的自我批判，而这也开创了公司干部职位流动的先例。

为了加大自我批判的力度，公司将过去的客户经理制转变为客户代表制，目的就是加强自我批判的强度。过去，客户经理的目标很明确，是单方向的、推介式的，就是为了单纯地和客户进行联系。当他们转变成客户代表时，就必须代表客户来监督公司的运作，要站在客户的立场来批评公司。如果客户代表没有及时提出批评，就会被视为失职的表现。如果客户代表胡乱批评公司，考评同样会受到影响。

客户代表制度的出现实际上是市场部的一次自我批评，通过客户代表实事求是的批评，促使市场部及时改进自己的工作方式，从而更好地满足市场和客户的需求，给予客户更为完善的服务。

其次是生产研发部门的自我批判。任正非认为，中国人具有散漫、自由、耽于幻想、不安分、喜欢浅尝辄止的创新等缺点。很多生产研发人员缺乏耐心和恒心，平时不喜欢从事枯燥乏味的工作，很容易因为重复性的工作而产生审美疲劳，而且不喜欢受到过多的约束，缺乏职业素养。此外，他们做事往往凭借一腔热血，很少考虑产品和技术是否适用、是否实用，这些缺点恰恰是影响产品研发和生产的阻碍。为了确保打造出世界一流的产品，为了让企业始终保持强大的创新能力和研发能力，任正非主张生产研发部门的工作人员进行自我批评，及时改正身上的缺陷和不足。

华为是一个非常注重研发的企业，每年都会投入大量的人力，物力和资金，但是大投入并不意味着公司就能够容忍员工胡乱进行研发。为了防止在研发中造成不必要的浪费，华为此前多次开展了“反幼稚”活动，目的就是批判那些缺乏市场化、工程化意识，在开发过程中只注重实验室性能，而忽视技术、产品的市场价值以及推广问题的研发人员。

每次开展这样的活动时，总有一些研发人员会主动上台“领奖”，那些奖品就是他们在工作失误中产生的废品。公司也会给他们发放由此造成的其他损失的凭证。每次活动都笑料百出，员工上台后会遭受大家的嘲笑，可是任何一个犯错的研发人员都会大方地承认自己的错误，并且心甘情愿地接受惩罚和监督，以此来激励和监督自己的工作。

第三，在管理层方面，任正非同样要求干部进行自我批判。在中国，权威是一个非常重要的社会元素，权威的存在往往会影响大众的看法，也会影响权威者的个人素养。在一个企业中，管理者通常就是权威，不同层级、不同部门的管理人员往往会成为各自领域内的权威人士，这些人与普通员工相比具备一定的优势，但这些优势并不意味着他们就不会犯错。但在很多时候，没有人敢对管理者犯下的错误指手画脚，提出批评。有些管理人员为了打造正面的个人形象，也会掩饰自己的缺陷和错误，明知道自己做错了也不会轻易认错。

为此，任正非要求管理人员一定要主动认错，主动进行自我批判，要将自身的缺点暴露在大众的监督之下，要让自身的错误得到及时的纠正。任正非曾经主持编撰了《我们眼中的管理问题》一书，并要求中高层的干部进行自我批评、自我反省，在书中发表文章指出自身的不足之处。在《管理优化》这些文件中，公司也多次提及自己面临的问题和存在的不足之处。同时还创立了“心声社区”，让干部在社区里做检讨、做自我分析，同时接受员工的监督和批评。

无论是生产研发部门和市场部的自我批判，还是企业中高层管理者的自我反省，其实都遵循了一些最基本的批判原则。比如，华为要求每一个管理者和员工在犯错时不要找借口掩饰过去，而是要直面错误，并且主动记住自己曾经犯下的错误。因此每一次犯错后，犯错者都会将自己的错误记录下来，并在下一次工作的时候进行查看，以此来警醒自己。这几乎成了一个习惯。而正是这样的习惯，使得他们不会在同样的问题上犯第二遍错误，能够将工作做到精益求精。

此外，任正非一直要求员工进行思考。只有思考才能反省自己，才能找出问题所在。他曾经说过：“我的水平为什么比你们高？”大家回答说：“不知道。”任正非接着说：“因为我从每一件事情（成功或失败）中都能比你们多体悟一点点东西。事情做多了，水平自然就提高了。”任正非希望员工们在努力工作之余抽出一点时间来思考一下自己的工作，在思考中反省和提升自己。

无论是从动机还是从最终实现的效果来看，自我反省以及自我批判都显示出了华为企业文化与管理文化的成熟，也展示出了管理者和员工所具备的职业化的特质，而这些恰恰是多年来华为能够迅速发现问题并及时应对各种转型的原因之一。自我批判文化的传播让整个华为都保持一种开放的状态，让整个华为都确保拥有足够强大的自我修正能力。

8. 尽心与尽力是两回事

尽心与尽力是两回事。一个人尽心去工作与尽力去工作，有天壤之别。要培养一批用心的干部，用心的干部即使技术上差一点也会赶上来，因为他会积极开动脑筋想方设法去工作。

——任正非《中研传输部汇报纪要》

2011年4月，任正非在一次内部讨论中，依据华为的基本情况对公司职员进行了划分：第一类是普通劳动者，第二类是一般奋斗者，第三类是有成效的奋斗者。这三个类别的划分显示出的是员工的一种工作状态。对于普通劳动者而言，他们的想法很简单，就是为了赚钱养家，他们通常只是做好自己该做的事，只做一些上级吩咐必须做的事情。对于一般奋斗者来说，这类人的工作积极性比普通劳动者更高一些，想法也更多一些，工作中也能尽力而为。对于第三类有成效的奋斗者来说，他们的工作主动性和积极性最高，对于工作能够全身心地投入。换句话说，他们是真正用心、尽心地在应对自己的工作。

如果将一般奋斗者和有成效的奋斗者进行对比，就会发现二者之间的区别并不仅仅在于双方的工作效果，还在于工作的投入程度。因为对于华为的所有员工而言，他们中的多数人都可以称得上是精英分子，学识和能力上的差异并不大，影响他们工作成果最重要的原因通常就是专注度和投入度。一个投入度更高的员工往往能够为华为做出更大的贡献，也能创造更大的价值。

对于这种投入度上的差别，任正非将其称为尽心与尽力，而这也是很多企业员工都会存在的问题。比如，每当上级领导询问“有没有把握做好工作”时，员工常常会回答说“尽力而为”。“尽力而为”看起来是一个非常敬业的词，实际上这是一个相对保守的说法，因为个人的潜能是很大的，个人的力量完全可以释放得更充分一些。尽力而为究竟是一个什么限度，谁也说不清楚，也没有人知道这些员工是否真的倾尽全力去完成任务了，不知道他们能不能完成工作目标。

可以说，“尽力而为”的潜台词通常是“我的能力只有这么多，所以我就只能做这么多”。而“尽心”的潜台词是，“我一定会完成任务，而且还能做得更多、更好”。从这点来说，尽力工作看起来还不错，实际上是一种自我设限的行为。他们只对自己的能力负责，缺乏进取心，更多地表现出一种宿命感。而且在很多时候，“尽力而为”反而会成为一个托词，如有的员工不想执行任务或者害怕失败，或者不想浪费太多时间和精力在这上面，就会勉强地用一句“尽力而为”来敷衍，而不是直接告诉领导“我一定会完成任务”。在这种情况下，任何一个领导都不得不重新考虑一下自己是不是要将这个任务交给对方。

对于尽心去工作的人来说，情况则好很多。尽心工作的员工，哪怕能力差一点、技术差一点、困难多一点，他们也会通过全心全意的投入来进行工作。尽心工作体现的是一种积极负责的态度，不论能力有多少，不论困难有多大，都会用心去做。执行者会对自己的工作目标负责，会发挥出自己所有的力量去完成工作。

很多人会抱怨，为什么自己每天都在努力工作，却始终难以获得领导的认可呢？也许多数人都没有想过，自己只是尽力去工作而没有尽心去做。对他们而言，这份工作能不能完成与自己几乎没有太大的关系，他们只负责去做，而不是负责去做好。从专注度、积极性、耐性、克服困难的决心、完成工作的欲望、想要做到最佳的想法以及责任感上说，他们在这些方面都做得不够好。

对于多数人而言，如果他们现有的能力值达到了1，那么在工作中他们可能最多只愿意发挥出1的能力值，很多时候可能只发挥出了0.8的水平。而对于那些尽心工作的员工来说，哪怕自己的能力值达不到1，他们也会想办法激发出潜力，甚至达到高于1的工作水平，因为完成工作且更好地完成工作目标始终被他们摆在第一位。尽心工作的人往往更容易获得赏识和重用，因为企业是需要发展的，是需要不断进步、不断获得突破的。一个给自己设限、不懂得主动突破的人，不会为企业的进步带来多少帮助；而尽心去工作的人，足够忠诚，也对自己的工作足够负责。

20世纪90年代，任正非去朗讯公司的贝尔实验室进行考察。当时让他印象最深刻的并不是那些新产品和新技术，也不是那些优越的研发环境，而是那些疯狂的工作者和研发者。这些人不顾一切地投入工作中去，甚至达到了忘我的境界，这一点令任正非佩服不已。华为里有很多尽力工作的人，但是很少有人像贝尔实验室的研发者一样全身心地投入进去，他们是真正热爱且能够负责到底的好员工。任正非当时就一直在想，要是华为也有这么多尽心工作的人就好了，这样就可以为企业的持续发展和创新提供强大的人力保障。

任正非在1996年的一次内部讲话中这样说道：“我相信在座的人都是尽力的干部，但是否尽心就不一定。你要想成为高级干部就得尽心。

全心全意与努力是两个概念，尽心做事与尽力做事是两个根本性的概念，思想上艰苦奋斗就是尽心。尽力不是好干部，是中低层干部，尽心才是好干部。”任正非认为“尽力”是一种没有目标性的完成任务，是缺乏责任感的体现。而“尽心”则是一种态度问题，证明了员工真的是拿出足够的诚意和努力投入工作当中，证明了员工真的是一直在想办法寻求突破，一直都在以完成工作任务为目标。

华为在管理人才时常常会以“尽力”还是“尽心”作为考核的标准，通常只有那些尽心工作的人才最有机会获得晋升，能够赢得公司的信任。那些看上去尽力工作的人，虽然对公司的发展也有贡献，而且也确实能够产生一些价值，但相对而言，他们的提拔会受到更为严格的审核。

9. 纪律是保持行动一致的前提

德国人对工作一丝不苟的精神主要表现在对制度、纪律的严格执行和对工艺近乎完美的追求上。严格的纪律性给德国人带来了公平的竞争环境，大家都严格遵守着共同的制度，公平发展。对工艺的完美追求和精益求精的精神使德国的产品永葆一流，他们的许多产品都是以精取胜，成为世界知名的品牌。在一个公平的竞争环境下，大家只有靠质量赢得客户与发展的机会。相反，如若在一个没有纪律、没有公平的环境中，谁还会精心研发技术呢？唯有偷工减料、以次充好才能求得暂时的发展。

——任正非《致新员工的一封信》

任正非曾经在部队里待过一段时间，部队生活养成了他艰苦奋斗的作风，养成了他不屈不挠的意志，同时也让他成了一个守纪律的军人。这样的经历在他创业之后成了管理中的一些范本，他在某种程度上将军队里的一些管理方法和管理思想搬到了企业管理当中，并以此来打造一支具富有纪律性的强大队伍。

在华为，任正非几乎把纪律性贯彻到了员工工作的每一个细节中，可以说员工身上经常能够看到军人的烙印。比如，任正非要求每一个员工学着唱军歌，公司每次在召开员工大会之前，都会坐在一起唱《团结就是力量》《解放军军歌》等革命歌曲。华为可能是唯一要求唱这些歌曲的企业。通过唱革命歌曲，可以为华为员工注入更多的战斗激情，同时也增强了员工的组织性、纪律性和集体意识。

在日常的工作和培训中，遵守纪律更是任正非一直强调的重点。比如，任正非要求员工早上不仅要按时起床，还要把被子叠得整齐；要按时上下班，走路的步子要正，站立时要昂首挺胸，说话要铿锵有力。从进入华为的第一天起，所有员工的饮食起居都要接受最严格的审查，只要不合格就会被通报批评，至于那些屡教不改的人通常会予以开除。

在新员工的纪律培训中有一条规定："皮鞋、西裤、衬衫、领带一个都不能少。"这是任正非给每一个参加纪律培训的员工下达的死命令。如果谁在培训课上缺少了其中一样，那么就要接受惩罚。不仅如此，华为对于着装的颜色甚至也有硬性规定：皮鞋必须是黑色的，衬衫必须是白色无条纹的，西裤是黑色的，袜子是深色的。这种颜色的搭配不能出错，如果有人穿错了颜色，那么公司就会对他进行处罚，通常是扣除部分工资。

很多参加纪律培训的员工都对华为的军事化管理心有余悸。据他们回忆，在培训期间，员工通常在晚上12：00准时熄灯入睡，早上5：30则要起床。如果谁晚上吵吵闹闹不肯睡觉，那么就会面临处罚。同样的，早上如果有人因为起床太晚而迟到，就要被公司扣除3分（基本分是20分）。有些员工有时候会觉得偶尔扣除3分也没什么，可是华为为了警示所有人必须遵守规则，实行"连坐"制度。也就是说，一个宿舍里的员工迟到后，不仅该员工要被扣除3分，而且整个宿舍的人都要被扣除

3分。不仅如此，毗邻该宿舍的宿舍同样要每人扣除3分，即如果107宿舍有人因为睡懒觉而迟到，那么整个107宿舍的员工都要被扣分，106和108宿舍的员工也会跟着遭殃。这种让人恐慌的制度，使得没有人敢轻易犯错。有些人觉得这个制度太过残酷，可是对于华为来说，当一个公司以整个团队的形式出现在竞争场合时，一个不守纪律的人往往会影响整个团队的作战计划，还可能会让整个团队陷入困境。

任正非一直强调，华为人要像狼一样结成一个团队。狼本身就是纪律性非常强的动物，无论是哪一匹狼都会准确地知道自己在群里的地位，了解自己的职责，知道如何去配合团队的行动。狼是高度协同且富有纪律性的动物，绝对不会因为自己的冒失或者违规行动而拖累整个团队。任正非希望华为人都能够像狼一样，都能具备狼的纪律性。只有这样，整个团队才会在统一管理下形成更加强大的战斗力。这种纪律性是任正非一直希望达成的“职业化、规范化和标准化”的重要保障，也是他致力于打造企业文化的一个重要保障。

现如今，有很多企业家都抱怨企业不好管理，抱怨制度不管用，抱怨企业缺乏企业文化。其实并不是这些企业家缺乏好的管理理念，也并不是因为他们无法提出很好的建议，而是因为他们没有注重对员工的纪律性进行管理，以至于员工缺乏足够的执行力，做事不守规章制度，常常按照主观意愿行动；员工之间各自为政，缺乏默契，行动不统一，让整个团队看起来像是一盘散沙。只有提升员工的纪律性，明确每个员工的任务和责任，确保他们能够按照规章制度办事，能够按照上级下达的命令办事，并且能够配合团队的行动，整个团队的效率才会得到提升，企业的发展才会有保障。

不过，纪律并不是员工个人的纪律，而是整个公司需要遵守的纪律。无论是自上而下还是自下而上，整个团队都应该培养纪律性，都需要遵守制度。对员工来说是这样，对管理层来说更是如此，他们更需要做好榜样，绝对不能按照个人的想法来进行管理。

很多人认为，华为的军事化管理过分压制了个人自由，最后只会将员工培养成一个工作机器。任正非并不这样看。首先，他认为没有绝对的自由，自由原本就是受到约束的。缺乏约束的自由会成为脱缰的野马，最后反而会带来很强的负面效应。其次，华为并没有完全压抑员工的自由。他在管理中给予了员工一定的自主活动空间和思维活动空间，员工可以按照自己的想法在一定程度上和一定范围内规划自己的工作，公司不会完全加以干涉，也没有将员工与集体对立起来。对任正非而言，公司可以保障员工的自由，只不过员工的行为必须遵守规章制度，必须服从公司的管理且不能违背公司的利益，这种高度自觉的纪律性才是员工应该有的自由。

第三章 Chapter 3

战略与市场是经营的双驱力

任何一个企业的发展都是急需通过市场来驱动的，因为企业的产品和技术最终面向市场，需要迎合市场的需求。所以企业在发展的时候，首先就要以市场需求为中心，以客户需求为中心，可以说市场是引导企业发展、变革、扩张的重要驱动力。除了市场的引导之外，企业还需要利用战略规划来引导自身的发展，为自身的发展指明方向并开辟新的道路。从引导作用来说，战略和市场就是企业发展所需的两个驱动力。

1. 做好企业的目标管理

以远大的目标规划产品的战略发展。

——任正非

在华为发展初期，最显著的一个特点就是加班文化盛行。当时为了更好地生存下去，企业不得不加大工作力度，员工们也都非常勤奋。可是由于缺乏明确的管理，很多员工的工作目标并不明确，有些人甚至都不知道自己这样做的最终目的到底是什么。多数员工只是坚定的指令接受者，只要任务一下达，他们就开始埋头苦干，很少愿意花时间来考虑一下自己的工作目标。他们根本不知道自己何时最适合执行任务，不清楚自己该如何更合理地操作，也搞不清楚自己应该做到何种程度。

目标管理的缺失造成了工作混乱，有的员工最终选择了错误的工作方法，有的员工则在混乱中擅自改变了目标，有的员工完成工作后才发现自己做的都是无用功，这使得当时的华为出现了很多问题，这些问题也阻碍了企业进一步成长。

为此，任正非开始重视目标管理。那么什么是目标管理呢？早在

1954年，美国管理学大师彼得·德鲁克就在《管理实践》这本书中首次提到了“目标管理”这个概念，并进行了解释。德鲁克认为，无论是企业还是个人，并不是在投入工作之后才开始制定目标的，而是先制定目标然后才开始工作，每一个人的工作都需要依靠目标来引领。所以“企业的使命和任务，必须转化为目标”，一个缺乏目标的工作领域必然会被忽视。按照德鲁克的理解，一旦组织的最高层管理者确定了组织目标，就要对其进行有效分解，并转变成每个部门以及每个人的分目标，然后，管理者根据分目标的完成情况对下级进行考核、评价和奖惩。

依据这个理论，华为很快制定了目标管理的方法，对目标进行合理设计、合理分解，从而有效保障了团队目标和个人目标的实现。为了达到目标管理的效果，公司还引入了符合SMART标准的目标管理标准。SMART标准是指Specific（要具体）、Measurable（可度量）、Actionable（可实现）、Relevant（相关性）、Time-based（时间限定），这个标准强调了进行目标管理的基本态度，也为员工执行工作提供了一些基本思路。

在这个目标管理标准中，首先明确各级部门和员工要制定具体的工作计划和工作目标，也就是说必须制定一个具体的目标，而且还要制定具体的阶段性的小目标。过去，很多华为管理者要求员工“增强客户服务的意识”，这就是一个模棱两可的目标，因为客户服务包括很多方面，是提升为客户服务的速度、增加为客户服务的次数，还是减少客户投诉的次数；或者是多用礼貌用语，规范服务流程。这些都需要一个具体的计划和目标。

其次要明确这个目标是否可以衡量，企业应该用更加明确的数据来衡量这个目标是否能够达成。对此，华为规定，制定目标的人和参与考核的人应该有一个统一的、标准的、清晰的可度量的标尺，如一个月具体完成多少工作量，一个月的业绩考核达到多少分，这样就能够让员工更加直观地意识到自己需要做到何种程度。对于产品生产数量、检查次数这些可以直接进行量化的目标，完全可以从数量角度来衡量。一些无法直接量化的目标则可以从质量、时量的角度考虑，如想要提升员工对职能部门的满意程度，可以从人员投诉率、服务及时性等进行反应；想要确保文件起草工作的质量，可以用文件的通过率以及一次通过还是数次通过的情况来进行衡量。

第三，SMART标准强调了目标的可实现性。也就是说，企业或者管理者制定的目标必须是能够实现的，而不是远远超过员工个人能力的大梦想。任正非曾经说过："我们要跳起来摘桃子，而不是跳起来摘星星。"对他而言，目标的价值与意义首先是由它的可实现性来决定的，一个不可实现的目标即便再出色也根本谈不上有价值，更谈不上多么出色。

第四，就是相关性，即绩效指标应该和其他目标具有一定的相关性。换句话说，实现了这个目标对于其他目标的实现有很大帮助。在这方面，任正非要求个人目标和集体目标统一起来。他建议各位成员参与到部门工作目标的制定中去，使个人目标与组织目标达成认识一致，既要有由上到下的工作目标协调，也要有员工自下而上的工作目标的参与，这样就不会出现个人目标与集体目标相脱节甚至相违背的情况。

第五，目标必须具备实时性限制，即目标的实现必须有一个时间限制。华为就制定了很多阶段性的小目标，这些小目标明确规定了实现的截止日期。此外，华为也将工作的轻重缓急进行划分，以此来安排时间。重要的目标先实现，而且可以适当给予更长的时间，一些不那么重要的工作可以延后，并且专门安排一点时间集中解决。这种时间的合理安排确保了考核的精准性和公正性，确保各项工作计划能够顺利实施。

这五个原则构成了华为目标管理体系的基本原则。它们为企业制定团队的工作目标、为员工制定个人的业绩目标指明了方向，提供了更加明确的、有意义的指导。无论是团队还是员工个人，他们的工作目标由于有了更为科学合理的设计和保障，不会过多地偏离现实，更不会变得遥不可及，毕竟一些不切实际的因素都被排除了。正是因为如此，华为的发展有了更为明确的方向，发展进程得到了合理的控制，而它对于目标管理模式的熟练运用也成了业界的一个典范。

2. 去商业模式的发展战略

有人问我们，华为的商道是什么？我们就没有商道。我们就是以客户为中心，就要让客户高兴，把钱给我。你哪个客户给得更好，我就给好设备。

——任正非

现如今，有很多企业不谈一下自己的商业模式、管理模式，似乎就不觉得自己像个正宗的企业。企业家不谈一下商业模式、管理模式，就担心被人说成是盲目创业。问题是，当企业和企业家在台面上大谈战略时，一旦遇到激烈的竞争，往往就只会打一些价格战、抹黑战。至于什么商业模式、管理模式、企业战略、方法论，统统都忘得一干二净。

很多企业和企业家对于模式的热衷，恰恰显示出他们缺乏明确的发展思路和合理的思维。对很多企业家来说，所谓的模式并没有那么重要，而对一些创业者来说更是没必要提起。当一个企业还是一个种子公司的时候就在讨论自己的战略，这很不现实，因为这些种子公司在发展初期通常都是摸着石头过河，往往没有固定的模式、没有明确的方向。企业发展的大环境随时都在变动，企业即便摸索到了一些门路，也可能在变动中失去方向。

有人曾经一而再再而三地问任正非："华为的战略是什么？"任正非不胜其烦，拍案而起："华为没有战略。如果有，华为的战略就是活下去！"在任正非看来，华为发展的第一要务就是生存下去，而不是打造一些毫无价值的商业模式或者管理模式。商业模式通常只解决做事的方向性问题，商业模式对了只表示方向对了。对企业来说，它只是发现一个新方向、新机会、新点子、新玩法而已，并不会构成任何竞争门槛，并不意味着可以走得最远。

随着信息透明度的提升，随着企业家越来越精明，商业模式其实变得非常脆弱，几乎很容易就可以被复制。创业者往往只用几句话或一页纸就可以清清楚楚地说出自己的商业模式，复制起来并不困难。这也是为什么当一个好方向被确认之后，常常在短短的几个月甚至几周后就会出现一大堆同类型竞争对手的原因。

商业模式创新是最不靠谱的，也是最低级别的创新。在一个行业内，当大家都在讲商业模式的时候，那些更有实力的巨头很容易对其他竞争力不强的企业形成碾轧的优势。这也是任正非一直非常反感企业提商业模式的原因。尽管外界经常会解读华为的商业模式是什么，并且出现了各种各样的版本，但是对任正非、对华为而言，这些猜测没有任何依据。华为根本不需要所谓的模式，它更加看重的是企业的生存问题，任正非日思夜想的也是企业的生存问题。

华为曾经学习过欧美企业的发展模式，也从日韩企业的商业模式中汲取过营养，但是对华为而言，它并没有建立起所谓的商业模式。它从其他国外公司中引入的管理体系和工作方法，并不是直接照搬，而是经过了自身的优化和改进，目的是为了确保企业能够更加健康平稳地发展下去。

任正非曾经对余承东说："你们这棵桃子树上一定要结西瓜，不能就只有结桃子这一种商业模式。"在这里，任正非建议扩展企业的发展模式，而这种拓展恰恰显示出了他对商业模式的弱化。换言之，华为可以任意发展多种模式，而不是固定地采取某一个商业模式。从本质上说，华为并没有一个固定的商业模式，它的发展、它所有的模式都是围绕着生存来转动的。

华为曾经提出"以奋斗者为本""以客户为中心"的口号。任正非认为奋斗者是企业发展的主要力量，而客户是确保企业能够长远发展的核心动力。仔细分析就会发现，无论是"以奋斗者为本"还是"以客户为中心"的战略选择，根本原因都是为了更好地生存下去。生存是一个根本战略，一切有利于生存的模式都可以拿来借鉴和应用，这就是华为发展的秘诀。

事实上，自从华为成立以来，公司已经先后经历过数次较大的改革，也经过了无数次调整，企业的发展道路越走越宽。在这个过程中，华为始终保持一种开放和灵动的状态，不坚守某一个模式。华为的所有变化都围绕着市场、围绕着客户，只要发现市场有了新的需求、客户有了新的想法，华为就会相应地做出改变，主动调整自己的策略和发展模式。从"变"的角度来说，华为的确不适合拥有某种商业模式；从生存的角度来说，华为也不可能坚守某一种商业模式。

任正非是一个富有远见的人，绝对不会将华为的发展约束在某一个点上，也不会让企业的发展变成一个模式化的产物。这是因为人是活的，企业是活的，环境始终是不断变化的，企业的发展也需要及时做出调整。如果为华为打造出一个固定的商业模式，或者说华为真的致力于践行某一个商业模式，那么它将很快被困死在这个模式当中。没有模式，才能让华为可以拥有更多自由发挥的空间，拥有更加广泛的发展空间。

3. 流程管理是提升效率的前提

只有管理职业化、流程化，才能真正提高一个大公司的运转效率，降低管理内耗。

——任正非

1998年是华为发展的一个重要年份。当年的公司营业额一下子蹿升到惊人的90亿元（差不多是11亿美元），具有里程碑的意义。无论是外部人士还是华为内部人士，都觉得这是公司内部实施的员工激励措施以及体制变革所产生的巨大刺激。他们一致认为，华为将迎来一个真正的发展高峰，并预感华为很快就会成为世界上最具竞争力、发展最快的电信设备制造公司。

面对来自四面八方的赞美，任正非却心事重重。如果说过去企业的发展一直被竞争对手压制，发展规模也不大，那么如今取得这样的成就则意味着华为已经变得越来越好了。按道理，任正非应该和其他人一样感到高兴才是，可任正非并没有被眼前的好成绩所蒙蔽，而是发现了一个严重的问题，那就是管理。

当时华为内部工作劲头很足，可是缺乏章法，部门之间缺乏沟通，很多部门擅自做主，陷入各自为战和盲目的工作状态。往往会出现很多部门同时做一件事的情况，出现部门之间工作相互脱节的现象，造成了大量人力、物力、财力的浪费。就连华为一直引以为傲的研发部门，也常常盲目地在一些缺乏实用性的项目上进行开发。

任正非让人进行调查和统计，发现华为与其他公司相比，资源浪费非常严重，执行力非常低，而且交货时间、库存周转率也都偏低。当时有几组数据，让任正非看了很不是滋味。华为的研发费用浪费比例和产品开发周期竟然是业界最佳水平的两倍以上；至于让所有人都眉开眼笑的销售额虽然连年增长，但产品的毛利率逐年下降，人均效益只有思科、IBM等企业的1/3～1/6。

看似繁荣的背后其实处处都是大坑、是陷阱，任正非再也坐不住了。他决定向国外取经，首选目标就是蓝色巨人IBM。经过考察，他发现IBM公司的管理体系非常完善、科学，而当时IBM的一套流程化管理体系引起了他的注意。不久，任正非邀请了IBM公司的管理咨询顾问来公司参观和诊断。对方略微观察之后连连摇头，毫不留情地说："华为没有时间一次性将事情做好，却总有时间将事情一做再做。"

这话让任正非意识到问题果然非常严重，他最终做出了从IBM引入流程管理的决定。工作流程，是指企业内部发生的某项业务从起始到完成，由多个部门、多个岗位、经多个环节协调及顺序工作共同完成的完整过程。而华为最大的问题就是部门岗位之间各自为战，缺乏必要的合作与联系，工作陷入盲目无序的状态。因此加强流程管理，打造一套完善的流程管理体系很有必要，目的就是把企业打造成一台自动运行的机器，让每一位员工都成为这台机器上的一个标准配件，使其严格按照流程来逐步推进。

引入这套管理制度后，华为要求每一个华为人都要认真按照流程进行工作，在工作之前首先制定详细的流程，明确流程中的每个步骤，弄清楚到底谁在做、用什么工具和方法来做、主要做什么、做出来输出给谁。不仅如此，公司还特意明确了每个工作步骤的考核标准，定期开展严格考核，考核结果直接与部门、人员的绩效挂钩。

通过流程管理和控制，每一个部门、每一个人都能够在流程中找准自己的定位。他们了解自己该做什么，了解自己的工作目标，了解自己需要按照什么方法以及什么步骤去完成工作，也知道自己所做的一切会对别人的工作产生什么样的影响。为了确保流程管理的正常运行，为了强化不同部门和不同员工的权责意识，华为要求每一个员工手里都拿着一张工作流程图，以便随时了解相关情况。公司还积极引入了考核机制，形成了一套制度化、规范化、职业化的工作体系。由于有了制度的约束，有了更为合理的考核机制，员工的工作变得更加明确，他们也会积极按照流程规定的步骤去工作。

华为曾经将流程化的工作比喻成盲人摸象，有人摸到鼻子、有人摸到眼睛、有人摸到庞大的身躯、有人摸到粗壮的大腿、有人摸到的则是象牙、流程管理的作用就是让所有的盲人各司其位，然后将自己所触摸到的东西与其他人的工作进行整合，最终有效地完成摸象工作，这正是流程管理的重要作用。

从1998年8月开始，任正非将目光瞄准了企业的流程管理，并着手规划华为未来3~5年需要展开的业务变革和IT项目。而这一次流程变革耗时5年，而且花费了5000万美元的巨资。当时有很多人对此持怀疑态度，认为任正非花了冤枉钱。

可是效果很快显现出来。随着流程管理的推行，华为的工作效率得到了很大提升，原先的盲目开发、重复工作、资源浪费、执行力不强、库存率偏高等现象都得到了有效的缓解和扼制。华为的各项业务管理工作也得以顺利展开，企业的整体运作变得合理有序，部门之间、员工之间的关系越来越密切，协作意识不断增强。员工变得更加轻松，而管理者也得到了很大解放。

有一组数据很能说明问题。2008年，华为的销售额突破了180亿美元，相比于1998年的11亿美元有了巨大进步，而研发人员的数量只有1998年的4倍。这样的成绩绝对不能归结为运气，很显然流程管理为华为的发展提供了强大的动力，使得公司的管理变得更加成熟有效。在流程化管理的基础上，华为很快就建立起体系化、标准化的管理，渐渐摆脱了“人”的控制，实现了企业的职业化和专业化。

4. 现金流就是冬天的棉袄

大家总说，华为的冬天是什么？棉袄是什么？就是现金流。我们准备的棉袄就是现金流。

——任正非《迎接挑战，苦练内功，迎接春天的到来》

任正非曾经说过这样一番话："我们假设国内有一个网站手里还有5000亿美元的现金在烧，它就可能会把中国电信烧死。反正我不要钱，我就与电信拼烧钱。把钱花光用光，现金流都没有了，没有现金流就死了。死了就成功了。可惜他没有现金，我没有5000亿。我算了算中国电信的最后一口气是多少，是500亿美元，那我只要有501亿美元，这个商业模式就成功了。所以说，现在对现金流的把握是非常重要的。"

在这里，他提到了一个很重要的观点，那就是利用现金流来竞争。这里的现金流与资本还是有一定区别的，现金流是流动资金，而不是固定资产之类的资本。在现代市场竞争环境中，企业要想发展，要想获得可持续发展，想要安然渡过危机，很大程度上取决于现金流。如果一家企业的资金周转非常顺畅，财务状况良好，那么企业的抗击打能力、抵御危机的能力、潜在的发展能力就很大，企业的发展情况也很健康。

经历过商场的风风雨雨，也看多了商场的浮浮沉沉，任正非意识到现金流对于企业的重大作用，所以他一直都将现金流放在非常重要的位置上，并且多次强调一定要注意确保现金流和回款的健康。比如，华为在积极拓展海外市场的时候，任正非就意识到了公司未来可能会遭遇进退两难的困境。一方面，为了拓展业务，华为必须实施走出去战略，积极占领海外市场，为自己创造更大的发展空间。另一方面，对于一个处于急速扩张并将业务扩展到全球多个大市场的跨国企业来说，往往需要大量的投资，因此现金流转速度应该加快。可是海外市场的回款期通常都比较长，风险太大，企业很容易因为资金周转不灵而面临巨大的投资风险。

为了消除这个隐患，任正非在2004年以前就提前制定了相应的策略，预见性地设置了专门负责回款的市场财经部门，这个部门是专门用来解决回款延迟、回款难等问题的。而为了减少可能出现的回款危机，市场财经部门制定了很多切实有效的方法和策略。

一般情况下，华为在签订项目合同之前，通常会让对方先预付30%的预付款；等到项目完工时对方进行产品抽样，样品合格就支付40%的款项；剩下的30%可以等到全部交货后付清。而对于一些比较特殊的国家，华为会有效利用政府的协议，如当华为和一个石油国家进行项目合作时，就会通过中国政府与这个国家建立合作，中国和这个石油国家进行贸易交易，然后华为再从政府那里获得资金。如果投资的国家比较贫穷，但是资源比较丰富，华为就会利用当地的资源和其他公司展开合作，从而实现风险均摊，降低回款风险。

有些人会认为华为太过谨慎，太看重钱了。事实并非如此。任正非一直都认为，华为不是一个以赚钱为目的的公司，但华为是一个靠资金来存活的企业，可以说这是任何一个企业的特点和命脉所在。

面对各种质疑声，任正非做出了这样的解释："'家有粮，心不慌。'在深圳，口袋里有钱，心就不慌。在最关键的历史时刻，我们一定要重视现金流对公司的支持。在销售方法和销售模式上，要改变以前的粗放经营模式。我宁肯卖得低一些，也一定要拿到现金。这个冬天过去，没有足够现金流支撑的公司到春天就不存在了。这个时候，我们的竞争环境就会有大幅度改善。西方公司由于巨大的财务泡沫的打击，已经乱了阵脚。他们乱了阵脚，我们做什么呢？乘胜追击！争取更多的市场、更多的机会，我们就能活到春天。活到春天，我们存的粮食吃光了，就再种。"

华为在创业初期最缺的就是技术和资金，技术可以慢慢琢磨，资金却只能靠借贷。那时候公司常常连工资也发不出来，被迫借了大量高利贷。那种艰难的生存环境让任正非印象深刻，尽管后来华为越来越强、规模越来越大，可是现金缺乏的危机感一直萦绕在他的心头。何况很多大企业就是因为资金周转不灵而衰败和破产的，有这样的教训，任正非不得不防。

尽管企业越做越大，任正非也丝毫不敢放松。对他而言，只要华为有了足够多的现金，只要流动资金充足，那么就可以安然应对各种潜在的风险。实际上，前些年全球IT市场的泡沫非常严重，很多规模很大的设备制造商和运营公司纷纷破产，一些老牌巨头企业也失去了往日的竞争力和活力。华为却能够依靠充足的现金流顺利度过寒冬，并且在寒流之后迅速爆发出惊人的能量和强大的竞争优势。

很多企业往往只注重发展和扩张，常常忽略了对现金流的管理和控制，结果导致投资规模过大、投资速度过快，而资金周转速度太慢，甚至供应不及时，最终过大的市场、过多的项目、过长的生产线反而拖累了企业的发展。这种企业虽然表面上非常强大，但它们的抗压能力非常有限，一旦出现危机就可能因为资金问题而遭受重创。现金流管理已经成为现代企业理财活动的一项重要职能，对于任何一个企业来说，建立完善的现金流管理体系是确保企业的生存与发展、提高企业市场竞争力的重要保障。

5. 海外市场上的机会主义不可取

> 通信行业是一个投资类市场，仅靠短期的机会主义行为是不可能被客户接纳的。因此，我们拒绝机会主义，坚持面向目标市场，持之以恒地开拓市场，自始至终地加强我们的营销网络、服务网络及队伍建设。经过九年的艰苦拓展，屡战屡败、屡败屡战，终于赢来了今天海外市场的全面进步。
>
> ——任正非《华为与对手做朋友：海外不打价格战》

中国企业都有一个海外市场的扩张梦，都渴望能够在海外市场有一番作为。自从改革开放以后，很多中国企业通过努力都顺利进入了国际市场，开始和国际级别的大企业竞争。不过总体来说，只有一部分中国企业能够真正在国际市场上长久地生存下去。很多企业由于竞争能力低下而被迫进行战略收缩，又退回国内市场，甚至就此失去了活力，沦为边缘公司。另外一些企业尽管实力不行，却总是想靠一些投机取巧的招数来赢得生存空间，它们的目标很明确，就是在短时间内抓住机会圈钱。

依靠机会主义开拓国际市场的企业非常多，但无一例外最后都在国际市场上折戟沉沙。原因很简单，就是因为这些企业缺乏明确的战略，没有长远的发展计划，缺乏踏踏实实做事业的干劲。而这样的举动常常令一些国际市场的客户非常不满，最终导致双方之间的合作终止。

华为同样不认可那些企业的做法。自1995年进军海外市场之后，华为就制定了一系列打开海外市场的战略方针，下定决心一定要在国际市场上扎根。作为一家技术型的企业，华为最初的想法很简单，就是通过技术上的优势立足。可是到了国际市场才发现，原先在国内引以为傲的技术并不占任何优势，想要依靠技术来获取订单几乎不可能。

当时有人提出降低价格来吸引客户，毕竟相比一些欧美企业来说，华为的产品在生产过程中成本更低，如果和那些欧美跨国公司打价格战一定能够确立优势。这个建议在当时应该说是符合华为的发展状况的，也的确能够解决华为的难题，但任正非想也没想就直接予以否定。

原因很简单，价格战只能在短时间内建立起优势，并不是长久之计。一旦开了价格战的先河，那么就会有更多更低价格的企业涌入市场，这对华为来说非常不利。最重要的是，价格战并不能从根本上解决竞争力不足的问题。任何一个企业要想获得发展，要想在市场上确立起竞争优势，首先要做的就是提升产品的质量，提升自己的技术和服务，只有确保自身硬实力的提升，才能真正在市场上站稳脚跟。

任正非觉得，任何投机取巧或者单纯的机会主义都不是解决企业发展的根本方法。华为要想长久地在国际市场上待下去，要想在国际市场上确定自己的地位，唯一要走的一条路就是靠实力说话，努力提升自身的实力。任正非为了消除公司内部的浮躁和机会主义，对于指派到海外市场工作的员工要求非常高。这些员工不仅要有实事求是的工作精神，有脚踏实地、艰苦奋斗的作风，同时还要具备精益求精的品质，善于自我学习、自我提升。

很多去过海外工作的华为员工都承认，自己的工作任务比国内更重，压力也更大。因为他们必须想办法在产品质量、技术以及服务上对自己有更高的要求，必须确保产品不会在竞争中落后于其他强大的对手。

在最初很长一段时间内，华为人在海外市场的工作状态有目共睹，而且赢得了客户的一致称赞。不过由于技术优势不明显、经验不足、名气不大，华为的发展一开始非常缓慢，订单也不多。可任正非始终坚持一点：不要短时间内想着赚取利润。因此在困境中，华为人一直努力奋斗，没有因为暂时的利益而做出一些有损企业名誉和形象的事情。

为了稳定军心，任正非经常给员工做思想工作。他觉得，一个好的企业并不是要和别人比速度，而是要和别人比耐力。谁能在市场上坚持更久，谁能坚持到最后，那么谁的生存机会就更大，发展的空间也更大。他建议华为要成为龟兔赛跑中的乌龟，学习乌龟的奋斗精神。尽管乌龟的速度很慢，可是耐力十足，拥有明确的目标和镇定的情绪，总是有条不紊地向前推进，而这正是华为最需要的精神。

在接下来的几年时间里，华为的工作慢慢有了起色。由于一直不断加大投入，华为的技术越来越好，产品质量也走在了世界前列，引起了客户们的关注。任正非并不满足，他要求海外的员工一定要强化“以客户为导向”的策略，主动去了解客户的消费习惯和消费模式，同时积极地与国外的代理商、运营商进行合作。通过稳扎稳打，华为一步步拓展了自己的海外市场。

在很多竞争者眼中，华为就像狼一样迅猛，几乎在短时间内就开辟了国际市场。实际上，在任正非的引导下，华为的扩张并不是盲目的，而是有计划、有目的、有节奏的扩张。公司所找的每一个客户、每一笔投资，都是有目的、有针对性的。另外，他坚决反对广撒网的策略，以免让客户觉得华为不够专业、不够可靠。

据说有位国企的董事长见任正非时说了一句话："老任，你们靠低价战术怎么在全世界获得这么大的成功？"任正非当时就脱口而出："你错了。我们不是靠低价，是靠高价。在欧洲市场，价格最高的是爱立信，华为产品的平均价低于爱立信5%，但仍高于阿尔卡特、朗讯、诺基亚、西门子5%~8%。"

这些高价策略体现了华为的战略选择。它不是一个追求短期效益的公司，不是一个盲目追求经济利益的公司，而是有着非常明确的目标和长远计划的企业。它在海外市场上的每一步扩张之路都走得很坚实，都没有受到机会主义的影响，而这也是它能够在国际市场上越走越远、越变越强的原因。

6. 让听得见炮声的人来决策

北非地区部给我们提供了一个思路，就是把决策权根据授权规则授给一线团队，后方起保障作用。这样我们的流程优化的方法就和过去不同了，流程梳理和优化要倒过来做，就是以需求确定目的，以目的驱使保证。一切为前线着想，就会共同努力地控制有效流程点的设置，从而精简不必要的流程，精简不必要的人员，提高运行效率，为生存下去打好基础。

——任正非《让一线直接呼唤炮火》

在第二次世界大战期间，德国军队一度肆虐欧洲和北非战场，几乎很少有军队能够抵抗他们的进攻。其中，最大的原因应该归结为“闪电战”，而“闪电战”的核心就是速度。那么，德军是如何做到快速推进的呢？毕竟在战争中，指挥系统是不可能永远跑到前线去的。

德军对此做了改进，将指挥权搬到了前线。他们发明了一种“任务型”的管理模式，下属只要把握上级的核心理念和想法，而不必拘泥于具体应该怎么做，不必去征求指挥系统中那些高级统帅的意见和建议。

当时号称“沙漠之狐”的名将隆美尔就经常在前线自作主张，因为他觉得那些指挥系统的高层人员并不了解战场上的真实情况，他们的决策可能并不符合战场的实际情形，他必须按照自己的观察和理解做出最合适的决策。

这种管理模式极大地提升了效率，也增强了作战人员的生存能力和战斗力。这种管理模式经过改进，也慢慢成了企业管理中的一个方法。很多企业开始将决策权下放到最前线，下放到一线人员手中，从而确保了决策的时效性与合理性，提升了企业在市场上的机动性和竞争力。

2009年，任正非发表了《让听得见炮声的人来决策》的讲话，重点提到：“应该让听得见炮声的人来决策。后方配备的先进设备、优质资源应该在前线一发现目标和机会时就能及时发挥作用，提供有效的支持，而不是由拥有资源的人来指挥战争、拥兵自重。谁来呼唤炮火？应该让听得见炮声的人来决策。”

在任正非看来，华为此前最大的问题就是没有建立以市场为主导的战略，华为有技术、有人才、有充足的现金流，也积累了很多发展的经验，唯独欠缺更加迅捷的市场反应。公司的行政人员占据了太多的权力与资源，可是他们往往不了解前线到底发生了什么。不仅如此，为了控制运营的风险，还设置了一层层的流程控制点，且不愿意下放权力。而市场一线人员对于市场的变化最熟悉，可是由于体制的原因，他们没办法及时做出最正确的抉择，而是要将市场信息进行汇报并接受公司的指令。一线为了解决特定问题往往要花掉2/3以上的时间向上面争取资源，结果在信息汇报和等待接受命令的过程中，市场已经发生了变化，或者被人抢占了先机。

在拓展国际市场的时候，面对更加强大的对手、面对瞬息万变的市场环境、面对更加迅捷凶猛的强敌，华为必须提高自身的反应能力，必须及时了解市场动态，在第一时间就做出正确的反应。但臃肿的机构、过多的平台、过于繁复的流程阻碍了效率，很多好的项目、好的投资机会就在落后的决策机制中白白浪费和流失了。

不仅如此，公司内部一些机关的官僚主义，使得他们不仅不肯放权，还大肆干扰一线的工作，经常对企业的发展进行瞎指挥，结果导致很多产品根本不适合市场，不能产生应有的经济效益。在过去一段时间里，华为多次遭遇了这种问题，而其他企业的一些失败案例也为华为提了一个醒，迫使它重新认识市场的重要性。

任正非渐渐意识到，对于一个企业而言，解决问题不再是头等重要的事情，如何确保庞大体系内部的协调才是重点。他必须给予一线更多的权力。美国金融危机的爆发，让他更坚定了这样的想法。

因此，任正非决定将权力下放到一线人员手中，让他们依据市场变化，来自主做出决策。公司开始对组织流程进行变革，加强了流程化和职业化的建设，也强化了公司的监控体系，以此来保障新模式的实施。通过一系列变革，不仅为公司成功减负，消除了官僚主义，提高了运作效率，还真正建立起了以市场为主导的管理机制。

很多企业管理者虽然没有独裁的倾向，可是多数时候他们还是容易相信自己的直觉，还是喜欢对相关的工作做出干涉，从而忽略来自一线人员的声音。由于市场环境的变化，那些不了解市场却又自作主张的管理者很可能将企业引入一个错误的发展方向，他们会丧失发展的机会并一步步失去竞争优势和市场。“让听得见炮声的人来决策”意味着要让一线拥有更多的决策权，以适应千变万化的情况，及时决策，快速响应市场并提升客服能力。这样可以有效减少错误的决策，提升企业整体的市场反应能力和应变能力，对企业的发展有很大帮助。

不过，合理的资源配置、适当的权力下放、充分信任等说起来容易做起来难，这不仅涉及指挥者的个人管理风格的调整，同时还涉及组织的机构改革与深层次的组织文化建设等方面的问题，可能需要以体制上的大变革为前提。另外，要想实现这种管理模式，必须把握住几个要点：首先，要拥有非常强的信息平台和管理平台，能及时反映出市场的需求，而不是将100个或者200个销售人员扔到第一线就完事；其次，当判断点前移、决策权下放到一线人员手中后，企业应该弄清楚这些人员的能力和素质是否足够高，是否能够应对这种强度的工作。一旦一线不断产生误判，会不会带来非常严重的影响，而公司又是否拥有相应的纠错机制和防御机制。

只有了解这些并提前做好规划和准备，“让听得见炮声的人来决策”这个口号和战略选择才会发挥出应有的功效，否则可能会给企业的发展造成灾难。

7. 一切以客户为中心

> 西方国家认为，最重要的是管理而不是技术。在我们国家，很多人认为最重要的是技术。因此，国内重技术轻管理，重技术轻客户需求，是比较普遍的。但主宰世界的是客户需求。我希望大家改变思维方式，要做工程商人，多一些商人味道，不仅仅是工程师。要完成从“以技术为中心”向“以客户为中心”转移的伟大变革。
>
> ——任正非

对于华为和其他运营商、合作伙伴、客户之间的关系，任正非曾经打过一个非常有趣的比方：“华为展台有一棵树，上面的树枝上结了许多果子。这棵树干就是我们的大数据管道，树干支持很多树枝，树枝上的果子是千万家内容提供商与运营商的业务。我们的‘云’的原则是上不碰内容、下不碰数据，而是支撑平台，这同样也是管道。树干上面挂了很多果，它们就是运营商、内容提供商等各种商家。几千家、上万家将来都在这棵树上开花，服务社会。根在哪儿呢，根在最终客户那个地方。我们从客户身上吸足营养，这样会使得我们的树干更强壮。”

在这个比喻中，任正非将客户比喻成了为企业发展输送营养的树根，由此可见华为对客户的重视，事实上，这也体现了华为多年来一直都在坚持的“以客户为中心”的发展理念和管理理念。对此，任正非曾经做出过解释：“华为之所以崇尚‘以客户为中心’的核心价值观，就是因为只有客户在养活华为，在为华为提供发展前进的基础，其他任何第三方（包括政府）都不可能为华为提供资金用于生存和发展。所以，只有服务好客户，让客户把兜里的钱心甘情愿地拿给我们，华为才有发展下去的基础。”

在过去很长一段时间里，华为都曾是坚定的技术支持者。因为他们体验过创业初期缺乏技术的那种挫败感和无奈感，也体验过被人进行技术压榨的痛苦。为了实现发展和扩张的目的，华为确定了以技术为中心的理念，全心全意将发展的重心放在技术的研究和打造上。对于技术的看重的确让华为实现了快速崛起的目标，可是单纯地追求技术也带来了很多问题，如出现了很多的技术浪费现象。一些投入巨资研发成功的新技术根本不适应市场需求，无法生产出实用的产品，根本没有任何价值。

进入21世纪以后，IBM公司等以技术为主的跨国公司开始没落，这让任正非意识到华为必须实现转型，必须改变过去单纯以技术为中心的发展理念。经过摸索和分析，他最终确定了“以市场为中心”的理念，因为他觉得任何技术的发明和应用都应该围绕着市场和客户的需求。只要满足了客户的需求，那么就是好技术，反之，这些技术就会因为缺乏价值而导致浪费。

转型并非只是理念和思想上的转变，也不是文件上的修改。作为一个拥有十几万员工、众多部门的大企业，如何调整好组织，始终是一个大难题。

一开始，任正非和其他高管认为，要想实现转型并快速建立起以客户为中心的体制，就一定要缩短流程、提高效率、减少协调，从而使公司实现有效增长，并促进现金流更有效地实现自我循环。可是当他们提出精简机构的想法并实施简化流程的相关措施后发现，过度压缩组织反而增加了一线员工的负担，也增加了成本，一些在总部工作的干部下放到基层后以领导自居，反而扰乱了基层工作。

这种情况引起了很多人的反对，任正非也意识到这些简化的方法不可行，改革一下子陷入了僵局。就在任正非左右为难的时候，一些中层干部提出了一些建议，让任正非试着从反方向来推进组织流程的变革。也就是说，企业的变革不再从总部往一线部门推进，而是从一线往回进行梳理。按照这些建议，华为需要减少那些不必要的平台部门和平台人员，这样就可以减轻协调工作量，公司的效率自然就会得到提高。

后来任正非去利比亚访问，听取了北非地区部的汇报后发现，北非地区部一直都在努力做客户界面，形成了客户经理、解决方案专家、交付专家为“铁三角”的工作小组。这种组织模式有效地提升了客户的信任度，较深入地理解了客户需求，实现了良好有效的交付和及时回款。

这种“铁三角”的工作模式经过改良和推广，使华为最终实现了从“以技术为中心”向“以客户为中心”的转变。从此，“以客户为中心”就成了公司的核心价值观。公司的产品和技术都是以客户的实际需求来打造的，公司会安排一线员工对市场进行调查，了解客户的需求，倾听客户的声音，然后将这些需求反馈到总部，最终成为研发和生产的重要参照指标。

要做到“以客户为中心”并不容易。任正非多年来一直以身作则，平时他很少见客，拒绝任何采访，只要是没什么联系的外人，他一律拒绝。但在面对客户的时候，哪怕是最小的客户，他也会抽出时间来见面。这种态度影响了华为的其他人，也确立了华为内部服务客户的企业文化，无论客户的需求是什么，华为都会尽量予以满足。许多非洲国家迫切需要各种投资，可是由于那里的条件比国内和欧美等国差很多，经常会出现传染病，还时刻面临战争和种族冲突的风险，因此很多欧美国家纷纷撤离非洲。华为为了顾及客户的利益和需求，自始至终都选择坚守岗位，全心全意为客户服务。

2011年日本福岛爆发核危机，很多企业开始从日本撤离。考虑到软银、E-mobile等客户在日本的业务，华为不仅没有撤离，反而增派人手参加了抢险活动，为客户在短时间内抢通了数百个基站，有效保障了客户的利益。

在一些非常微小的细节上，同样可以体现出华为人全心全意为客户服务的理念，去华为谈判或者参观的人都有这样的体会。华为会为每一个客户专门配备司机，这些司机的服务非常贴心，远远看见客户走过来就会打开车门，一手扶着车门、一手扶着车顶上沿，并且提醒客户不要撞到了头。司机从来不开快车，也不会猛踩刹车和油门。如果客户下车游玩，司机会寸步不离地守在车上，一直到客户回来为止。

在处理客户关系时，华为曾经提出了“一五一工程”的做法，即一支队伍、五个手段、一个资料库。其中五个手段指的是“参观公司、参观样板店、现场会、技术交流、管理和经营研究”。在华为，只要是和客户有关的工作，任何一个部门都必须及时参与进来。

正因为始终坚持以客户为中心，始终从客户的需求和现实利益出发，华为不仅为自身的发展指明了方向，而且也在发展中获得了更多客户的认可和青睐。如此，华为才能在竞争激烈的电信设备领域步步为营，才能一次次击败竞争对手成就自己的发展神话。

8. 寻求开拓市场的帮手

没有开放合作，我们担负不起为人类信息社会服务的责任，所以，我们要像3GPP一样开放，像苹果、谷歌一样链接数十万合作伙伴，持续建设和谐的商业生态环境。以自己为中心迟早是要灭亡的。

——任正非

2001年，全球范围内爆发了IT危机，很多IT企业纷纷倒闭，一些幸存的IT企业也面临着巨大的生存压力，市场竞争变得越来越激烈。为了缓解IT寒流带来的负面影响，华为决定积极拓展市场，并将目标锁定在美国市场。众所周知，美国是IT强国，更是思科公司的大本营。思科公司当然不希望华为来美国同自己分蛋糕，而且华为的狼群文化也给思科公司带来了很大压力。华为在高端市场的强势表现已经让思科公司感受到巨大威胁，它担心华为进入美国市场后会抢走自己的领头羊位置。

正是基于以上担心，2003年1月23日，思科公司以侵犯知识产权为由起诉华为。依据以往经验，很少有中国企业能够在美国本土胜诉，毕竟美国政府向来偏袒本土企业，而且习惯于在贸易壁垒和贸易保护上动一些手脚。所有人都觉得华为肯定会败诉，吃官司赔钱事小，就此被勒令离开美国市场才是华为最大的困扰。

华为这时候也觉得压力很大，不知道该如何应对。尽管有足够的证据证明自己的清白，可是未必会得到法官的认可。就在这个时候，华为发现了一个好办法：既然美国人喜欢保护本土企业，那么如果找到一个美国企业充当合作伙伴，问题不就迎刃而解了吗？

华为将目光锁定在此前一直想要和自己进行合作的美国3Com公司上，立即联系了对方。双方很快就组建了名为“华为-3Com公司（H3C）”的合资企业。事实证明了这个决策的高明。当华为将自己与3Com公司捆绑在一起之后，它就会想方设法帮助华为打赢这场官司，否则自己的利益肯定会受到严重损害。况且这家公司在美国政商两界的关系网非常强大，有足够的机会和实力赢得官司。

结果一切都如华为先前所预料的那样，思科公司败诉，因为当3Com公司站出来为华为作证时，法院不得不驳回思科的诉讼请求。通过这一事件，华为意识到朋友的重要性，意识到要想在美国市场有所作为，就一定要联合更多的美国企业来帮忙，借助它们的本土优势为自己开辟市场通道。

“团结一切可以团结的力量”几乎成了华为开拓海外市场的一个重要法宝，这也是华为能够在动荡且竞争激烈的国际环境中生存下来的原因。过去也有很多中国企业尝试走国际化道路，可是一到了国外市场就水土不服，和国外市场缺乏沟通和联系。很多企业总想大包大揽地建立起独立的运作系统，从材料选购到生产到营销都依靠自己的力量来完成，却忽略了本土人、本土企业的一些先天优势。其实很多时候，只要和本地人搞好关系，建立起合作，前进的阻力就会大大降低。

在这方面，拥有丰富经验的华为无疑做得更好，发展模式也更为合理。比如，华为每开发一个新市场，首先就会寻找代理商，与之进行紧密的合作。这些代理商只要有利可图，就会尽心尽力地帮助华为寻找运营商，这样华为就能够更快地在市场上扎根。由于拉拢了更多的合作伙伴，华为通常很快就可以建立起一个良性的商业生态圈。

在进军欧洲市场的时候，华为没有采取单兵作战的方式，而是主动和芬兰电信运营商KPN和Telfort、比利时最大的电信运营商Belgacom等最具国际竞争力的运营商签署合同协议，双方展开深入合作。

尽管外界认为华为是贪婪的狼群，实际上华为从来不是一个“吃独食”的企业，因为它明白，要想获得成功就要更多的帮手，依靠自己的实力去抢占市场往往会面临很大阻力。为了成功占领更多的市场，有时候华为还会和竞争对手进行合作，双方实现优势互补，共同瓜分市场的大蛋糕。

如在2004年，华为就和德国西门子公司展开合作，双方共同出资1亿美元成立了合资企业“西门子华为TD-SCDMA企业”。尽管德国西门子和华为在某些领域内存在竞争关系，但双方为了应对全球市场的激烈竞争，仍旧能够找到一些共同的利益。如在欧洲市场上，德国西门子就需要借助华为的力量来拓展业务，以确保自身的优势；华为则希望通过双方在市场和产品应用层面上的商业联盟，把合作方向真正深入到技术标准的具体应用上。这样一来，华为就能够更好地拓展欧洲市场，同时借助西门子的影响力来拓展产品知名度。

2009年1月，华为又破天荒地与竞争对手爱立信进行合作。这个新闻几乎引起了业界的轰动，几乎没有人能够明白华为和爱立信究竟在做什么。对于华为而言，利益可以让两个企业互相竞争和对立，也同样能够让两个企业结成商业联盟。当时，爱立信和华为在欧洲市场都有巨大的利益需求，为此双方共同承担瑞典运营商TeleSonera的全球首个LTE商用网络的建设。很显然，华为或者爱立信都没有足够把握独占市场，唯有合作才能共享更多市场开发的红利。

英国首相丘吉尔说：“没有永远的敌人，也没有永远的朋友，只有永远的利益。”商场上同样如此。只要有利可图，那么就一定要将目光放得更大更远，一定要寻找任何值得结盟的对手。只有这样，才能在市场上步步为营并最终获得突破，这正是华为市场战略的一部分。

9. 要确保拥有敏锐的市场嗅觉

以后的IRB（投资决策评审委员会）人员，对于市场的灵敏嗅觉就像香水设计师一样，能够灵敏区分各种对客户需求的感觉。那么，这种嗅觉就是对客户需求的感觉。这种嗅觉能力来自哪里？来自客户，来自与客户聊天、吃饭。

——任正非

如果仔细分析华为的发展史，就会发现它在不同的发展阶段具有一个共同的特点，那就是：它总能先于对手发现商机。如果说一次的成功是运气使然，那么每一次都能够走在别人前面就绝对是由于出色的市场判断能力和敏锐的市场嗅觉。

1997年，天津电信的一位内部人员说了一句话："学生在校园里打电话很困难。"说者无意，听者有心，任正非一下子就有了商业灵感。既然学校里打电话不方便，那么为什么不创造一种便于打电话的产品呢？他当即做出了紧急指示："这是个金点子，立刻响应。"就在任正非做出批示后的两个月，华为在交换机原本就有的200卡号功能上做了改进和创新，推出了201校园卡。这个新产品引起了很大的市场反响，并且迅速风靡全国。等到其他公司发现商机时，比华为晚了近一年的时间，市场上已经到处都是华为的产品了。

不久，任正非再次发现了潜在的机会。他对内宣布，整个社会将进入信息时代，而信息时代对于通信技术的要求更高，因此华为必须提前做好准备，要对现有的通信设备和通信技术进行改进、升级处理，积极打造出新技术。因此，华为在1995年率先把研发目标转向第三代移动通信技术，即3G技术。由于提前几年进行研发，华为在3G领域的技术几乎领先国内所有的竞争对手，在国际上也处于领先水平，这也为华为在欧洲、美洲和非洲带来了大量的市场份额。华为的3G技术在市场上的热销极大地提升了华为的销售额和市场地位，在那之后，华为开始进入全球电信设备供应商榜单的前十位。这对于华为来说具有重要的战略意义，证明它在开拓国际市场方面迈出了坚实的一步。

1999年，华为察觉到预付费业务即将推出，暗中做好了技术准备。不久，移动公司果然提出了要推出这个业务的需求。华为由于拥有足够的技术储备，第一时间就响应了这个计划，中国移动公司将全国25个省市点的业务都让华为一家公司承办。华为在第一期业务中虽然没有赚到钱，却赢得了中国移动的认可，对方将第二期高达8.2亿元的合同给了华为，这一次华为赚了个盆满钵满。后来陆续有很多公司跟进，但是利润已经被压缩到只有华为的1/5了。

华为一路走来，常常能够领先对手一步，原因就在于它总能收集到丰富的市场信息。华为具有非常敏锐的市场嗅觉，哪里有商机，它总能在第一时间把握机会，抢在别人前面把握住商机。而这与任正非提倡的狼性文化和“以市场为主导”的发展战略息息相关。任正非对市场人员充分放权，同时要求他们像狼一样具备敏锐的嗅觉，时刻注意收集市场的信息，只要哪儿有肉就要立即找出来。

的确，任正非非常看重市场人员对于商业信息的收集。他认为，市场经济时代就是一个快鱼吃慢鱼的时代，只有先人一步才能把握住更多的机会，才能掌握竞争的主动权。为了提升信息收集的能力，他一方面要求员工保持警惕，注意市场上的变化；另一方面，华为也有自己的法宝。

2000年以后，华为为了确保公司能够及时收集客户的需求以及市场的商业信息，从而提升决策的科学性、准确性，从国外引进了一套新的流程管理方法，确定了“以客户需求”为导向的生产管理模式，这就使得企业能够及时窥测到市场的动向，并在第一时间做出必要的反应。不仅如此，华为还努力打造了一套非常完善的信息处理系统。2014年，华为发布了一款名为“Fusion Insight”的大数据平台产品，实现了超过1000km的异地容量。很多人对这套系统不了解，不明白华为为什么要花费精力去研究它。在任正非看来，随着信息时代的到来，人们对于信息处理技术有了更多、更高的要求，为了更好地收集、整理和分析相关的信息数据，华为必须尽早构建海量数据信息处理系统。通过对企业内部和外部的巨量信息数据实时与非实时的分析挖掘，从而发现全新的价值点。

很多企业并不缺乏资金，也不缺乏先进的技术，但每次在发展的过程中都要落后别人一步，原因就在于这些企业没能及时察觉市场的指导作用，不懂得时刻观察市场，也不知道从市场上收集有用的信息。另外，这些企业通常将市场部仅仅定义为营销部门，认为市场人员的主要作用就是卖东西，却没有意识到要把东西卖出去，首先要做的就是弄清楚自己最应该做什么产品、卖什么产品，而这需要市场人员长期观察市场，以此了解客户的真实需求。当研发、生产与市场相脱节时，就无法真正把握市场上出现的商机。

在华为看来，市场就是一个最好的导向，是一个指南针。市场的任何变化都蕴含着丰富的信息，而只有拥有敏锐的嗅觉、良好的意识才能真正把握这些信息，也才能把握市场发展和时代发展的脉搏。

第四章 Chapter 4

企业不是个人的，而是一个团队的

伟大的公司需要伟大的团队，它的成功绝不是个人因素决定的，更多时候应该体现出强烈的群体印记。只有拥有一大批出色的员工，拥有一个出色的合作团队，拥有非常可靠的合作伙伴，才能确保企业长久地发展下去，才能确保企业从普通走向优秀，从优秀走向伟大。正因为如此，任何一个企业都应该积极打造一个团结协作的团队，并让这个团队来引导企业的发展。需要记住一点：企业的成功永远不是属于某一个人的，而是一个团队共同奋斗的结果。

The nature of the business

1. 培养和强化员工的团队精神

> 一个人不管如何努力，永远也赶不上时代的步伐。只有组织起数十人、数百人、数千人一同奋斗，你站在这上面，才摸得到时代的脚。我放弃做专家，而是做组织者。我越来越不懂技术、越来越不懂财务、半懂不懂管理，如果不能充分发挥各路英雄的作用，我将一事无成。
>
> ——任正非

美国管理大师托马斯·彼得说过：“一个伟大的组织能够长期生存下去，最主要的条件并非结构、形式和管理技能，而是我们称之为信念的那种精神力量以及信念对组织全体成员所具有的感召力。”在这些信念的精神力量和感召力量中，往往就包括团队精神。可以说，团队精神是确保组织机构能够长期生存下去的重要因素。

企业中团队精神的作用更是不可估量。很多企业家在创业的时候往往会忽视团队的重要性，对他们而言，给各个岗位安排好人员，然后引入资金和技术，一切就可以开始了。可是企业想要发展，仅仅依靠这些是不够的。员工之间需要相互合作，需要密切配合，而不是各做各的工作。一旦企业内部各个部门和员工之间保持独立，无法形成更多有效的配合，那么企业的发展很快就会陷入困境，竞争力也会直线下降。

任正非对此深有感触。在华为高速发展的第一个十年间，遇到了很大问题，当时企业虽然保持良好的势头，但内部几乎就是一盘散沙。管理者专权，部门之间缺乏沟通和协作，员工则各顾各的工作，根本不想和其他人发生联系。那时候，艰苦奋斗文化是建立在个体行为模式基础上的，人与人之间、部门与部门之间的奋斗都是相互隔离的。结果造成了严重的资源浪费，内部沟通也出现了很大问题，信息传播速率很低，部门之间的工作氛围很僵。

为了改变这个局面，任正非适度进行了体制改革，并且提出了“团结合作，共同奋斗”的口号。从那时开始，华为否定个人英雄主义，开始反对偶像崇拜，强调集体奋斗与内部分工合作。为了培养员工的团队意识与合作精神，任正非在内部推行“狼性文化”，希望员工能够像狼一样结成一个有组织、有纪律、有出色协作能力的狼群。

除了狼性文化，任正非还希望员工能够像蜜蜂一样工作。蜜蜂不仅勤劳能干，具有艰苦奋斗的精神，而且更重要的是蜜蜂是群居动物，讲究团队合作。尽管一只蜜蜂的力量非常弱小，几乎可以忽略不计，可是当它们聚在一起形成几千几万只的巨大规模时，就会爆发出惊人的能量。它们不仅能完成让人类工程师人为惊叹的复杂的工程建设，还可以组建最强大的队伍来抵御外来侵略者。任正非认为，华为的每一个员工就是一只蜜蜂，就是团队中最不起眼的一块拼图。如果各自为政，那么力量非常有限，而一旦像蜜蜂一样团结在一起形成一股合力，就能完成很多意想不到的大事。在此之前，员工们需要像蜜蜂一样各司其职，分工明确，这样才能为相互协作奠定基础。

在华为，团队精神是每一个管理者都会特别强调的，这种文化熏陶让华为员工从心里建立起强烈的团队意识。在整个团队中，团队意识和团队文化体现在以下几个方面：

首先是协作。任正非在《致新员工书》中写道："华为的企业文化是建立在国家优良传统文化基础上的企业文化，这个企业文化黏合全体员工团结合作、走群体奋斗的道路。有了这个平台，你的聪明才智方能很好发挥并有所成就。没有责任心、不善于合作、不能群体奋斗的人，等于丧失了在华为进步的机会。"在华为，与其他人进行合作，这才是最重要的。

其次是奉献。为集体奉献是每个人的责任，任何一个人都可以制定自己的工作目标，可以适当追求自己的利益。但个人目标要服从团队目标，要以实现团队目标为前提。个人利益也要服从集体利益，甚至于当个人利益和集体利益出现冲突时，大家要毫不犹豫地摒弃私利。

再次是学习。为了确保团队的进步，每个人都要主动学习，都要想如何提升自己的业务能力不掉队，不拖累群体的发展，不成为阻碍团队前进的绊脚石。任正非要求员工多学习，及时补充知识，提升自己的文化素养和专业能力，从而推动团队的发展。

最后是公平与分享。任正非说："华为企业文化建立的一个前提是要建立一个公平、合理的价值评价体系与分配体系。"对于那些有贡献的人，华为会及时给予奖励，让这些人享受到企业发展带来的红利，与他们一起分享企业的成功。

这种团队文化和团队意识的强化，使得华为变成了一个具备强大凝聚力的公司，团队之间也产生了良好的化学反应。有经济学家说过，团队合作并不是简单的5加5，其效果往往是5乘以5。团队合作注重的不是人力资源的相加，而是人与人之间的优势互补。在合作中，员工可以实现信息共享，实现资源共享，让自己的优势更好地得到发挥，将劣势的负面效应降到最低。合作带来了更多更好的机会，也增强了竞争力，能实现成本的最小化和利润的最大化。

正因为如此，华为积极将团队精神纳入自身的管理体系和企业文化当中，积极培养员工的团队精神，同时调解组织结构、强化流程管理，促使各部门之间相互协调、紧密合作，使企业变得更加强大。

2. “胜则举杯相庆，败则拼死相救”

不管谁胜了，都是我们的胜利，我们大家一起庆祝；不管谁败了，都是我们的失败，我们拼死去救。企业文化就这样逐渐形成了。

——任正非

很多人都见过大雁，却搞不清楚为什么大雁总是喜欢摆出“人”字形、“一”字形或者“个”字形的飞行模式。究其原因，大雁的飞行实际上是一次团队合作行动。

科学家经过研究发现，每只领头雁扇动翅膀时，会给紧随其后的大雁创造一股向上的升力，第二只大雁同样会扇动翅膀为第三只大雁制造上升力，这样一来就能逐步帮助后面的大雁减轻飞行负担。一旦领头雁感到疲惫，就会退到后面去，然后由另外一只强壮的大雁飞到最前面顶替。通过这种奇妙的合作，整个雁群可以减少一半的体力消耗，飞行距离则会增加一倍以上。

华为从雁群飞行的原理从中受到启发，开发了一套“矩阵管理系统”。在这套系统中，公司以复杂的矩阵式组织结构将内部不同机构、不同职位以及不同人员紧密联系起来，打造成一个整体性的、纵横交错的网络，有效地将事业分工和专业职能分工有机结合起来，使整个企业形成一个统一、合作的团队。华为已经意识到单个人或者单个职能部门的力量非常有限，只有大家联合起来才会爆发出惊人的战斗力，更容易在竞争中立于不败之地。

过去有很多竞争对手将华为比作狼，他们这样描述华为：“他们的营销能力很难被超越。人们刚开始会觉得华为人的素质很高，但换了一批素质同样很高的人后，发现还是很难战胜他们。最后大家明白过来，与自己过招的远不止前沿阵地上的这几个冲锋队员，这些人的背后是一个强大的后援团队。他们有的负责技术方案设计，有的负责外围关系拓展，有的甚至已经打入竞争对手内部。一旦前方需要，马上就会有人来支援。”可见，华为并不是独立的一匹狼，也不是孤零零的几匹狼，而是一群狼，是一个内部紧密合作，组织性、纪律性非常强的狼群。

为了放大群狼合作的效应，华为经常会采用“压强原则”来参与竞争。《华为基本法》就此做了明确的规定：“我们坚持‘压强原则’，在成功关键因素和选定的战略生长点上，以超过主要竞争对手的强度配置资源，要么不做，要做就极大地集中人力、物力和财力，实现重点突破。在资源分配上，应努力消除影响资源合理配置与有效利用的障碍。”

比如，华为当初在开拓河南市场的时候，竞争优势并不那么明显，无论是资金还是技术都不比别的竞争对手强，可华为拥有其他公司不具备的凝聚力。为了迅速抢占市场，任正非一声令下，让分布于各地的上千名销售人员全部放下手中的工作，并在几天之内赶到河南聚集，结果可想而知，华为很快就占领了市场。

华为在发展初期知名度并不高，常常被客户忽略。为了吸引更多人的关注，每一次参加通信展览时，任正非都会按照10：1的比例来接待各地的客户，即华为用10个人来接待1个客户，而其他公司的做法是1对1进行服务。显然，通过十人团队的有效合作，华为为自己赢得了更多的客户。

这几乎是当年华为团队合作的一个典范。通过合作，华为的确从中获益良多，可以说华为之所以能够保持强大的竞争力和战斗力，很大一部分原因就是内部足够团结。华为这种群策群力的方式有效强化了企业内部的团队文化，增强了员工之间的凝聚力和信任。

其实在国内很多企业中，团队合作都不很明显。由于管理体系不完善，协同意识不高，企业内部常常会出现相互竞争或互不干涉的尴尬状态，结果在内耗中阻碍了企业的发展，降低了企业的竞争力。随着全球化经济的发展，个体力量的作用和地位都被弱化了，很少有企业能够依靠个体的力量获得长远发展，团结协作已经成为一种潮流。企业之间需要合作，企业内部更需要完善合作机制，因为只有通过合作产生更大的竞争优势，才能提升工作效率，降低风险。

为了打造出一个相互协作、共同进退的强大作战团队，华为不仅仅在制度上做出改进和调整，通过流程控制和矩阵结构实现最优化的配制与绝佳的合作模式，同时也不断给员工灌输合作精神、强化合作意识、打造良好的合作氛围。这在华为内部的合作中非常常见。

任正非知道，要想团结员工，要想真正做到共同进退，最直接的方法就是为所有员工确定一个共同的目标。任正非说："力出一孔，利出一孔。"只有让员工拥有共同的目标，保持共同的奋斗方向，才能为合作创造坚实的基础，才能在合作中真正形成合力，保持行动的统一性和协调性。

正是因为制度得到了强化，企业文化得到了宣传，使得团队合作意识在华为人心中根深蒂固，为华为的发展奠定了坚实的基础。

3. 消除个人英雄主义

> 淡化英雄色彩，特别是淡化领导者、创业者的个人色彩，是实现职业化管理的必由之路。
>
> ——任正非

当外界评价任正非是华为的领路人和核心人物时，他谦虚地说："我又不懂技术，又不懂财务，又不懂管理，其实我就是坐在他们的车上，他们在前面拉，我出来看一看，所以大家以为都是我搞的。"当外界纷纷表示是任正非利用自己的聪明才智创造了企业文化时，任正非连连摇头，一再声明："（华为企业文化）不是我创造的，而是全体员工悟出来的，我最多是从一个甩手掌柜变成了一个文化教员。业界老说我神秘、伟大，其实我知道自己名实不符。真正聪明的是十三万员工，以及客户的宽容与牵引。我只不过用利益分享的方式，将他们的才智黏合起来。"

外界一直将他解读成华为的英雄人物和精神领袖，甚至有人还认为他一个人就足够代表整个华为，他就是华为的象征。对此，任正非却自认为不过是“土民”，只不过是“被精英抬成了一个体面的小老头”。任正非不想让别人认为他是英雄，更不想让别人过分崇拜英雄。

那么，任正非究竟是不是领袖和英雄呢？答案是肯定的。如果从华为的发展史来看，完全可以这样理解：华为就是一个被英雄创造出来的公司。在公司发展初期，就是依靠各个部门英雄的出色表现，才使得华为从一个举步维艰的小厂慢慢壮大成为一家跨国公司。而在华为内部，很多高层干部也都是从最初那些英雄中提拔而来的。

随着企业不断发展壮大，任正非开始呼吁员工不要搞个人崇拜，呼吁大家不要在工作中搞个人英雄主义。这种转变看起来同之前的发展状况有些矛盾，实际上显示出了在时代发展下个人思想的进步。任正非在此时提出“去英雄化”以及否定“个人英雄主义”，是建立在发展环境出现变化的基础上的。

在过去，企业发展遇到困难、生产要素严重缺乏时，为了走出困境，必须发挥出个人的优势和能力，从而引导别人一起奋斗。随着时代的发展，整个社会越来越重视合作，团队协作已经成了主流，而过去那种仅仅依靠单打独斗就能获得快速发展的时代已经一去不复返了。任何企业、任何人想要在竞争中存活下去，要想获得更多的发展机会，最重要的就是寻求合作伙伴。华为也不例外，无论是任正非本人，还是过去各部门的那些英雄，都无法依靠个人的力量来推动公司的发展。再坚持个人英雄主义，反而会破坏公司内部的团队合作，还会影响团队内部成员之间的关系。

任正非明白，人人都喜欢英雄，任何时代都需要英雄，也都在尊重和呼唤英雄。但对于一个企业来说，所谓的英雄应该是整个团队的标签，而不是指某一个人。因为任何一个企业想要长远地发展下去，要想不断获得进步和提升，就要懂得适当削弱个人的存在感，而去突出整个团队的作用，懂得将自己所做的一切置于团队合作和团队奋斗中。

一个人强大，并不是真正意义上的强大；一个人英雄也并不意味着企业就一定具备竞争力。只有整个团队都很强大，整个团队都贴上英雄的标签，这个企业才称得上是伟大的企业。华为想要培养出一群狼，体现出狼群的协同作战能力，而不是某一匹狼或者某几匹狼的作用。在整个狼群中，团队协作、纪律性、组织性是最重要的，如果有狼想要擅自做主张、单打独斗，就会破坏整体的协作，可能会导致团队行动的失败。

也有人会认为，个人英雄主义就是一种个性，限制个人英雄主义就是限制个性的发展，这个说法完全错误。任正非觉得个性发展很重要，但是个性并不意味着就可以发展成为个人英雄主义，就可以不顾全大局，就可以按照自己的想法来做任何想做的事。华为容许个性的存在，注重培养员工的个性，但绝对不允许个性与团队利益相冲突，不允许个性凌驾于团队之上。

正因为如此，任正非多年来很少将“英雄”这样的字眼挂在嘴边，而且刻意保持低调，尽量降低自己的影响力。不仅如此，他还要求那些能力出众的干部以及技术骨干一定要保持低调谦虚的姿态，不搞特殊化，不搞个人英雄主义，不仗着自身的权力和地位就恣意妄为、自作主张。在他看来，华为的发展之路就应该是一条去英雄、去英雄主义的道路。只有这样，华为中才没有谁的地位是特殊的，也没有人是不可或缺的。无论谁离开，都不会对整体的发展造成影响，而且都会及时有人顶替上来。

为了践行“去英雄主义”的口号，任正非开始放权，让更多的人参与到企业的决策当中来。过去很多事情都是任正非一个人说了算，或者部门领导一个人拍板就成，可是现在任正非很少干涉内部的事务。在一些重要问题上，即便是他本人，也不能随便就拍板决定，而是主动征求其他人的意见，尊重别人的意愿。对其他人也是一样。每次做重要决策时，都要吸取其他人的意见和建议，即便自己的想法很不错，也绝对不能自作主张。对于华为内部的每一个人来说，都要保持自己和团队的一致性，确保自己的行动符合团队行动的方向与步骤，不贸然行动，更不能为了自己出风头而置团队利益于不顾。

任正非曾经在一篇文章中说："我们今天是利益共同体，明天是命运共同体。当我们建成内耗小、活力大的群体时，抗御风雨的能力就增强了，才能在国际市场的大风暴中搏击。"如何才能减少内耗、增加活力呢？最简单的方法就是保持团结，消除特殊待遇和个人英雄主义，这样才能打造出一个强大的、完整的团队，才能群策群力地把工作做到位。

4. 独裁管理是企业发展的阻碍

法国大革命传播了自由民主的进步思想，但它没有讲清楚谁来做蛋糕。没有蛋糕，怎么会有自由平等博爱呢？法国大革命讲的口号非常美好，但死了几百万人。鲜血在流啊，也没有实现美好。你看英国的“光荣革命”，英国大权不再是女王掌握着，而是议会掌握着。所以英国350年没有战争、没有死人，而且在世界版图上拥有了很大一部分。所以说世界上不能只有一种方法。再者，一个公司不能把希望寄托在一个优秀人才身上。万一飞机掉下来了呢？怎么会就只摔别人不摔你呢？对吧？这个时候我们实行的这种制度就是离开谁公司都得转。

——任正非

1993年的某一天，技术部门的负责人郑宝用在部门内部召开并主持了一次非常重要的研发项目立项评审会。任正非当时准备来参加这个会议，可是刚一走进会议室，郑宝用就直接对任正非说：“这个会你就不用参加了，我会把结果告诉你的。”任正非微微一笑转身离开了会场。

很多人都替郑宝用捏了一把冷汗，实际上任正非并没有因此而责怪他。

还有一次，中银董事长肖钢到华为访问，当时任正非和华为轮值CEO徐直军一起接待了他。当三个人坐在一起谈论管理的时候，徐直军突然跟肖钢说："老板懂什么管理？我们的IPD变革，他就知道那三个英文字母。"当时肖钢下面坐了一群人，他们都非常吃惊，觉得徐直军怎么能够当着众人的面这样"数落"任正非？可是任正非听了并不生气，反而觉得徐直军的话非常有道理。因为对任正非来说，他主要关注的是方向是否正确，而不是将所有的管理工作都抓在手中。

这件事体现出的就是任正非的放权意识，尽管他是这家企业最大的管理者，也是最具权威的掌舵人，但事实上他比所有人都明白，一家好的公司要想正常运营，不能仅仅靠一个人来管理。但在很多民营企业中，老板喜欢将自己一手创办的企业贴上个人标签。由于自己投入的资本、时间和精力最多，他们在多数时候都愿意搞集权化管理，希望将所有的大权都牢牢掌控在自己手中，因此企业生产、经营、财务、市场、人事安排等都是一手抓，可是常常什么也抓不好。

多数企业家都是"权力控"或者是潜在的"权力控"，他们渴望享受多依靠经济力而非政治力所获得的权力，希望更长时间地沉浸其中。正因为如此，在面对企业发展以及改造实现企业可持续成长所必需的利益分配机制和权力分配机制时，常常会将自己推到前方更高的舞台上，他们会主动与下属争夺权力。而这些企业的发展往往会遭遇很严重的问题，如独裁管理会催生出个人崇拜，会引发一刀切、低效率等现象。

任正非很早就意识到了这些问题，华为实际上也遭遇过类似的问题。在企业创办初期，为了更好地领导和引导企业的发展，任正非也是集大权于一身，在公司内部拥有绝对的话语权。拥有绝对的权威时，对于大小事务往往拥有绝对的决定权和否决权。在他一个人独掌大权的岁月里，的确依靠出色的个人魅力和领导能力带领华为闯过了一道道难关，也为华为品牌形象的建立做出了很大贡献。

因此，很多人都将华为称为“任正非的华为”。随着企业的发展和扩大，个人的渺小会不断被放大，个人的缺陷也会不断被放大，任正非意识到独裁管理会带来更多负面的效应，所以开始有意识地下放权力，将管理大权稀释给更多的人，让更多的人参与到公司的决策当中。

1999年，在与新员工的座谈会上，任正非对着台下的员工这样说道：“我个人对华为没有做出巨大的贡献，真正贡献大的是中高层骨干与全体员工。他们努力建立了各种制度、规范，研制、生产、销售了不少产品……不是我一个人推动公司前进，而是全体员工一起推动公司前进。我的优点就是民主的时候比较多，愿意倾听大家的意见。我个人既不懂技术也不懂管理，甚至看不懂财务报表……唯一能做的是，在大家共同研究好的文件上签上我的名，是形式上的管理者。我认为大家总比一个人想得细致一些，可以放心地签上名。文件假如签错了，在运行中有问题，我也不会指责大家，只要再改过来就行了，大家下次总会进步一点。每次我们都共同完成了一次修炼，次数多了，大家的水平也就提高了。”

他将自己定义为一个形式上的管理者，其背后就是大胆的放权，让真正有能力的专业人士参与到各个环节中去。2000年以后，任正非就很少在企业内部搞什么运动了，就是因为他意识到了一个企业必须摆脱个人的印记，必须摆脱个人管理的模式。一个集权式的企业、一个靠个人说了算的企业，永远也不可能成为伟大的企业。

在这个时候，任正非已经明确表示自己不再是那个大事小事一把抓的人，而是愿意让那些有能力也最适合的人在最合适的岗位上参与管理。汉朝的开国皇帝刘邦说："夫运筹策帷帐之中，决胜于千里之外，吾不如子房。镇国家，抚百姓，给饷馈，不绝粮道，吾不如萧何。连百万之军，战必胜，攻必取，吾不如韩信。此三者，皆人杰也，吾能用之，此吾所以取天下也。"刘邦的成功不在于自己拥有全方面的才能，而在于能够将不同的能人安排在最合适的岗位上，然后赋予足够的信任和权力，让他们自行管理团队。

任正非也采取了类似的方法。比如，他善于制定策略，擅长对内的管理；而孙亚芳善于外部协调，主要做一些协调性的工作；余承东的优势在于营销，所以任正非让他去管理手机业务……通过任用专人到合适的岗位上，任正非成功实现了分权，而华为的管理也变得更为合理有效，企业的运行井然有序。为了避免出现一人专政的局面，从2010年开始，华为开始推行董事会CEO轮值制度，董事会成员轮流执掌大权，这样就能有效防止将公司的命运和成功系在某一个人身上，而这种开放的、民主的、灵活的方式也能确保华为稳定前行。

可以说，正是任正非多年来一直主张分权，一直都在避免出现独裁专权的局面，才使得华为实现了快速转型。华为逐渐建立起科学的管理体系，最终从中受益，成了世界上最具竞争力的跨国公司之一。

5. 保持开放和分享的姿态

封闭系统必然要能量耗尽，要死亡的。

——任正非

华为这些年来之所以能够保持高速发展，能够成为引领潮流的跨国公司，很大一个原因就是它始终把握开放的政策。任正非说过："公司长远坚持开放的政策是不会动摇的。无论任何情况下，都要坚持开放不动摇。不开放就不能吸收外界的能量，不能使自己壮大。"

华为的开放不仅仅是对外的，还包括内部的一种开放。在华为内部，所有部门都不是闭合的组织机关，不是各自独立的，时刻都保持彼此开放、相互分享的状态。这些部门之间虽然有着不同的工作范围和工作职责，各自获得的权力和利益也不一致，职责范围内的工作计划也会有所不同，但所有部门的目标是一致的，所有部门之间的联系也非常紧密，彼此拥有非常频繁的交流与互动，而且时刻保持协作精神。

对于多数企业来说，大家看到的通常是企业内部各部门之间相互竞争、相互排挤的情况，很多时候企业的发展并不是被外部的竞争对手所阻碍，恰恰是内斗引起了严重的内耗，拖垮了企业的发展。由于涉及资源的占用率，涉及内部竞争、奖励、权责范围等问题，部门或者个人常常会形成小范围的利益群体，为了确保自己的既得利益或者潜在利益，他们并不愿意与别人进行共享。所以，当研发部门想要足够的研发资金时，财会部门会想方设法进行刁难；当采购部门想要申请人员调动时，人事部门却总是想方设法截留人才；当市场部掌握了重要的市场信息后，却不愿意拿出来与其他部门共享。

类似的情况经常发生，部门之间常常以“不是自己人”“不是同一个部门”“不关我的事”为由相互使绊子，部门或者员工之间的封闭性、竞争性远远大于合作性，结果严重影响了整体的工作效率。

任正非平生最不喜欢搞内部封闭，最不喜欢搞内部的利益团体，所以他多年来一直都主张内部的一体化。这种一体化并不是简单粗暴地让所有人干同一件事，或者让所有部门干同一件事，而是要求各部门能够明确自己的分工，同时保持开放分享的合作意识，相互之间进行紧密协作。

为此，华为建立起非常完善的内部共享机制。通过这个机制，各个部门之间可以顺利实现资源共享、信息共享、人员共享。只要有一个部门或者员工提出某个要求，那么就可以借助信息通道将自己的需求快速传播出去，而其他部门会在最短时间内给予回应，并提供最全面的帮助。比如，当一个华为员工提出客户接待的需求时，可以通过电子流提出相关的申请，其他部门会在第一时间内自觉地为他提供各种必要的帮助，并配合他处理好客户的接待工作。

在工作中，任正非要求各部门之间的信息通道全天候保持畅通，要求所有部门及时分享自己所掌握的信息，只要有一个员工、一个部门知悉了某个重要的信息，掌握了某个信息的关键点，就要在第一时间通知所有部门，让他们提前做好准备。此外，更要将其他部门请求的事情当成自身工作的一部分来对待，不能采取“事不关己，高高挂起”的态度。这种方式有效提升了工作效率，而且很少出错。如果仔细分析华为的发展，就会发现它很少出现失衡的状态。和其他一些企业中“某些部门发展势头良好，而有些部门发展陷入困境”的状况相比，华为自从步入发展的正轨后几乎从来没有类似的担忧，开放和分享的制度让内部的每一个部门都获益匪浅，并保持齐头并进的姿态。

不仅仅是在工作中，就是在日常生活中，华为人也坚持贯彻分享精神。在华为内部有一个不成文的规矩，如果有人拿了奖金和工资，那么就要在第一时间内请同事吃饭。一到发奖金或者发工资的日子，同事之间就会相互请客，一起聚餐，这种请客吃饭的文化不仅是一种单纯的生活方式，而且体现出华为人的分享意识。

对于华为来说，共享机制是开放的、分享的企业文化中的一部分，目的就是让公司内部每一个部门、每一个员工都能结成利益共同体，能相互帮助、相互信任。有个华为员工曾经对部门之间的关系做过这样一番描述：“当市场部将有关市场和客户的需求反馈回去，那么生产和研发部门就能对症下药生产出更适合的产品。只有生产出适合市场需求的产品，市场部才能提升自己的业绩和效益。而市场部提升效益之后，财务部门才会有更多的资金可以分配，各个部门同样会成为最终的受益者。”尽管一个企业内部的运作并不那么简单，各部门之间的利益关系也不是三两句话就可以说清楚的，但是保持开放和共享的确能实现1+1大于2的功效，对任何部门来说都能带来更高的工作效率和更高的效益以及更少的风险。

6. 团结一切可以团结的人

> 华为在用人上最大的特点就是承认自然领袖。你团结的人越多、帮助的人越多，大家就越拥护你。拥护你的人越多，你就成为自然领袖。你是三个人的领袖，你就是销售经理；你是二十多个人的领袖，你就是片区经理。你若能团结更多的人，就能做更大的经理。
>
> ——任正非

“团结一切可以团结的人”向来是华为人坚持的合作理念，任正非认为只要有合作的契机，只要能够带来彼此的进步，只要能够形成互补，那么就应该主动去和别人合作。在他看来，合作是社会发展的大趋势，企业应该积极寻求合作伙伴，而员工在发展过程中同样需要合作伙伴。因为一个人的力量始终有限，只有尽量团结更多的力量，才能减轻发展的压力，才能提升工作的效率，并有效提升团队的竞争力。

有关团结，任正非有着丰富的经验。他认为团结他人，不仅仅是一个态度、一种意识，更是一种管理。任何一个人想要团结更多的人，任何一个人想要打造更好的团队，都需要加强管理，需要明确员工管理的导向。在华为内部，任正非一直致力于团队建设和团队文化的塑造，通过卓有成效的管理，华为人在团结方面一直都做得非常好。

首先，任正非建议领导要有领袖心态，要有全局观点。把握好公平原则，以责任结果导向来评价下属，而不是以关系的亲疏或者个人的喜好来判断。

在过去，一些管理者喜欢搞“帮派”，搞“利益群体”，将一些和自己关系亲近的人、一些有着共同追求和利益的人聚集在一起，并且尽量给予更高的职位，而对于一些和自己不是一路的人则予以排斥和打压。这种“占山为王”的“小山头主义”让任正非非常生气，觉得这是造成独裁管理和集权的基础，也是破坏公平的毒瘤，对内部的团结有非常大的伤害。因此，任正非一直在强化业绩考核制度，并积极改进管理体制，解除一些不合理的制度，从而创造出一个相对公平的环境，以便为员工的团结协作打下基础。

其次，要打造更加包容的企业文化和制度，主动团结不同意见的人，把所有的干部员工都看成实现自己或组织目标的战友和伙伴，即便是意见不同甚至相互对立的人，也要想办法进行拉拢。而做到这一点就要处理好双方的关系，建立起强大而稳定的人脉，不能因为他人意见不同、想法不同就当成敌人来对待，要在对立中寻找统一的点，寻求共同的目标。华为人就非常善于运用灰度理论，他们并不以是非黑白的标准来评价别人，而是尽量模糊自己与他人的界限，创造灰色的观点，主动包容其他不同的理念和意见，并懂得换位思考。

在华为内部，出现意见上的分歧和争论是一个正常现象，员工甚至可以公开批评领导，无论是谁都虚心接受他人的批评。有一次，有个员工在华为的“心声社区”上留言批评了公司内部的某位高管，认为他的一些做法不可取。这个高管发现有人批评自己后非常生气，竟然威胁社区负责人，让他查一查批评者的工号。社区负责人觉得很为难，但是碍于自己职位太低，不敢公然违反对方的命令，于是偷偷将这件事告诉了任正非。任正非听了非常生气，觉得公司里不该存在这种享受特权的干部，于是二话不说，立即要求负责人将自己的工号报给那位高管。那位高管发现是任正非的账号后，立即偃旗息鼓，再没有提这件事。

第三，坚持以奋斗者为本，主动团结有意愿、有能力、能干成事的员工，不盲目地为了团结而团结。公司必须明确自己的考核机制，按照优胜劣汰的原则来淘汰那些不想干事、不能干事的员工，以确保团队的战斗力。

在任正非看来，团结一切可以团结的人并不代表要团结所有人，这根本是两个不同的概念。团结一切可以团结的人有一个基本前提，那就是他们值得团结，他们是团队所需要的拼图，换句话说，这些人必须对团队做出贡献。如果员工缺乏上进心，工作不努力，还缺乏责任感，那么这样的人不值得考虑，一旦纳入团队中，不仅不会起到正面的作用，还会拖累团队的发展，降低效率和竞争力。

第四，积极营造尊重与信任的氛围，主动尊重那些具备创造价值的员工，尊重他们的思考，信任他们的能力。任正非认为物质奖励和岗位机会并不是无限的，给员工10万、20万甚至100万的工资，他们照样会在高薪面前失去积极性，以高薪来刺激员工的做法通常在创业初期有用，毕竟那个时候多数员工的工资都不高，对金钱的需求量比较大，因此高工资往往会吸引员工的注意力。一旦员工习惯之后，就会丧失兴趣，对工作也失去热情。华为在高速发展的时期就遇到过类似的问题，员工不再像过去一样投入，工作效率也不断下降。

物质奖励始终是有限的。依据马斯洛需求层次理论，当一个人的物质需求得到满足之后，会开始寻求精神上的满足，这时候他们更习惯于得到尊重和认可，而尊重和信任的确会让员工长久地保持活力和激情。任正非多次下放权力，让下属大胆地放开手脚去做，而且在内部公开赞扬那些工作表现良好的员工，甚至开展一些有意义的评选活动。这些都在一定程度上给予了员工足够的尊重，让员工更有存在感和价值感，因此他们也愿意配合公司的工作。

第五，针对不同的人，进行换位思考；懂得尊重个体价值，充分尊重员工的差异，认可他们的价值；量才而用，将其安排在最合适的岗位上并形成优势互补，以此来增强员工的团队意识。

任正非多次要求管理层一定要做好人与岗位的匹配工作。“把组织的需求与个人的意愿相匹配，就能达到理想的组织人才配置状态，实现组织和个人的共赢。要通过员工岗位任命及工作安排来牵引员工承担责任，做出贡献。每年通过例行的人岗匹配，审查员工的贡献、绩效和岗位应负责任，审视岗位安排。强调把合适的人用在合适的岗位上，不仅能做到人尽其才，也能防止滥竽充数，避免人力资源浪费。我们要通过人与岗的合理匹配，把不合格的人调离岗位，把有意愿、能履行岗位职责的人匹配到岗位上来。公司政策应支撑‘少将连长’的产生。”他自己在下放权力的时候也经常认真考察下属，了解他们的专长和优势，从而做出最合理的人员安排，以发挥出下属真正的实力。

最后，为了组建团队、团结更多的人，管理者要为员工积极打造共同的目标。有着共同理想和共同目标的人，他们本身就具备相互吸引、相互结合的优势，双方可以找到更多的话题和共鸣，可以有效缩减彼此的分歧。如华为人与客户进行谈判与合作时，首先会向客户强调一个共同目标，会将共同利益放在首位，这样一来对方会本能地认为彼此是紧密联系在一起的同路人，因此在谈判的过程中，无疑会减少更多的阻力和压力，双方的合作也能得到更好的保障。

这些管理手段都有效保障了公司内部的团结性以及更大的凝聚力，因此华为人在团队建设和团队合作方面一直都做得非常出色。华为有这样一句口号：动用身边一切值得动用的资源。在这些资源中，人一直都是最大、最重要的资源，只有利用身边的人力资源、团结身边值得去团结的人，才能确保自己的竞争优势达到最大化，而这正是华为一直在谋求且成熟运用的成功之道。

7. 积极调动身边可以利用的资源

我们要团结一切可以团结的力量，并首先从团结我们身边的人做起。

——任正非

在华为发展的前十年，公司一直处于一种混乱无序的工作状态，员工之间往往各做各的工作，很少进行团队合作。遇到问题了，由于自己没有办法解决，常常表现得束手无策。这些情况一方面是由落后的体制造成的，另一方面则是因为员工欠缺协作意识，不懂得主动去寻求帮助，不懂得主动调动身边的资源来解决问题。

正因为如此，任正非开始了管理制度的改革，明确了各个职能部门的分工，为部门之间、员工之间的沟通打通了通道，以此来确保华为内部能够有效沟通。另外，这种信息沟通渠道实际上是一个非常有效的资源输送平台，员工通过沟通可以有效地利用其他部门的资源，也可以和其他部门共同分享自己的资源优势。

在华为，很多工作几乎都是各个部门共同协作完成的，不同部门之间有着明确的分工和各自的职责范围，大家相互配合，将工作做到最佳状态。有些时候，某个部门或者员工承担某项工作后，尽管不需要其他部门参与进来，但该部门或者员工依然可以要求得到更多的帮助，可以随时申请调用更多的资源来确保自己更有效率地完成工作任务。

如在进行市场开发的时候，员工可以在短时间内从其他员工及其他部门手中集合众多的资源，从研发部门拿到产品的数据，从财务部拿到更多的资金，从技术资源系统的产品部获得客户反馈的信息，或者直接从客户那里了解市场行情。即便是在市场部门内部，只要提出申请，也可以随时调动相关的资源，以确保目标工作得以顺利完成。任何一个部门的员工都有能力去收集更多自己所需的数据和资料，公司通常也鼓励他们这么做。

为此，华为的一位高管曾经说，华为拥有一个庞大的数据库。无论是谁或者有什么问题想不明白，或者遇到了棘手的问题，都可以寻求帮助。为了促进内部的交流，华为开辟了“心声社区”。在社区中，华为人可以任意发表自己的看法和想法，可以分享自己的工作方法和工作经验，甚至生活经验，也可以从这个平台上获取自己想要的资源。

很多员工在工作之余就喜欢逛一逛“心声社区”，一来可以缓解工作疲劳，二来可以从中学习很多有价值的东西，也能在社区中获得必要的帮助。对他们而言，心声社区将所有的华为人紧紧联系到了一起，它也成为一个巨大的人力资源库和信息集合中心，员工可以从中获得很多有用的信息来帮助自己提升工作效率。管理层也能通过社区平台了解员工的真实想法、真实需求，从而对自己的管理工作及时做出合理的调整。

这些都是华为团队文化的一部分。华为一直提倡开放，部门之间、内部人员之间需要保持开放的姿态，懂得将自己的资源分享出去，而他们也必须有合理利用身边各种资源的意识。华为变得更像一个团队和整体，员工的工作效率和工作能力得到了很大提升，更重要的是，员工主动工作、主动协作的意识得到了增强。

很多华为员工在海外工作的时候往往会很不适应，在工作中也常常觉得很孤单，总觉得是一个人在面对所有的工作。为了改变这种状况，华为甚至安排了专门的心理医生进行辅导，同时加大宣传和教育力度，建议海外员工一定要保持团结、增强联系，毕竟国外市场的风险更大，工作压力更大，要想将工作做到位，就一定要懂得和自己的同事、和自己的上下级共同进退，懂得从其他伙伴那儿得到更多的帮助。

通过一段时间的培训和引导，新员工不再被动接受帮助，而是变得更加主动，往往会向那些老员工取经。除了获得工作上的一些指导和建议之外，员工为了更好地适应国外的生活环境也常常询问老员工一些生活问题。比如，哪个地方好玩，哪些地方有中餐馆，哪些地方存在危险……由于主动性增强了，他们在工作中变得更加自信，团队意识也更强。只要遇到困难，就会通过公司的人事网络了解任何想要了解的东西，并尽量从身边的同事和领导那儿获得足够的帮助。

这种转变实际上是华为喜闻乐见的，任正非就是要提升员工主动寻求合作、主动解决问题、主动调动资源的能力，让员工明白他们中的每一个人都是团队中的一分子，都有足够的权限去利用和共享团队中的资源。只有主动调动资源，才能增强员工的支配能力，提升自身的工作效率，从而使团队的利益得到保障。

有人做过统计，在华为，一个大一点的项目从计划、需求的提出，到整个项目运作最终完成，往往要花费一年半左右的时间。在这段时间里，项目的负责人必须协调好每一个部门的工作，必须协调好所有资源，也必须确保一切都合理有序地进行。如果缺乏调动资源的意识和能力，那么整个工作的效率将会大打折扣，工程进度也会受到影响。所以，负责人要具备足够强大的团队意识，懂得主动去安排与整合资源，激发和利用所有有利的因素，这样才能将工作真正做到位。

8. 个人利益要服从集体利益

任何时候都要以公司利益和效益为重，个人服从集体。任何个人利益都必须服从集体利益，将个人努力融入集体的奋斗中。

——任正非

有人说："华为是一个矛盾体，它可能是个人烙印最强的一个中国企业，同时也是个人印记最弱的企业。"个人烙印最强指的是华为人的强大实力，从华为中走出的员工基本上都能够在其他公司找到不错的工作。更重要的是，在整个华为，很多人都将华为等同于任正非本人，作为一家民营企业，任正非对华为的影响似乎超出了单纯的领导作用。而"个人印记最弱"，实际上指的是华为人对个体身份的同化和隐藏，很多人提起华为的时候都会忍不住赞赏它是一个强大的团队。

之所以会出现这种矛盾的说法，很大一部分原因是华为的特质，它是一个既彰显集体主义又主张个人发挥的企业。在很多时候，华为都保持着相对包容的态度，不过这并不意味着华为人可以肆意彰显个性，个性表现与集体主义的共同存在是以个人利益服从集体利益为前提的。在华为里，每个人都意识到自己的身份首先是华为人，然后才是自己。

有很多国外企业参观华为后觉得非常惊讶，华为汇集了大量的高素质人才，这些人才无论到哪家公司都可能成为主心骨，都可以尽情地发挥出自己的实力。可是整个团队中并没有出现各自为战的个人主义，没有人因为急于表现自己而置其他人的想法于不顾的现象发生。他们不明白，为什么在人才流动越来越频繁的今天，在如何留住人才成了一个世界性难题的时候，华为却能够有效挽留人才，始终保持很低的人才流失率和跳槽率。他们也不明白，为什么华为聚集了最顶尖的人才后，外界除了对任正非有一些模糊的印象之外，所知的只有一个共同的名称——华为人！

其实，“华为人”的身份定位和强化显示出了华为在管理方面，尤其是团队管理方面的一个策略，那就是让员工的个性适当得到压制，以突出团队的标签。在华为，每个员工都有自己的工号，这个工号就是华为人的标签，老员工有时候会打趣地说：“恭喜你，你是华为第×××号。”这些话显示出，“华为人”这一称号已经成了每个员工心中的一个标签。

“华为人”的称呼体现出华为员工的集体主义思想，这种思想和精神也是所有企业中最需要的。很多企业在招聘员工的时候往往最看重能力，可是最后发现问题最容易出现在那些招收进来的人才身上。有些人不服从上级的管理，常常自作主张；有人自视甚高，拒绝与其他人配合；有的人缺乏最基本的职业素养，经常中饱私囊，甚至为了私利损害团队利益。这些人没有建立良好的归属感，没有集体意识，从来没有将自己当成团队中的一分子，所以很多时候更喜欢顺从自己的意愿行事。

谷歌公司的老总拉里·佩奇曾经无奈地表示："我们不缺少能力出众的人才，而是缺少把谷歌当成家的职员。"而在这方面，华为做得非常到位。在公司里，每个人都把自己当成大家庭中的一分子，每个人都懂得尊重集体利益，时刻以团队利益为重。事实上，华为在海外承包了很多工程和业务，每个工程都有专门的负责人，这些工程项目往往是香饽饽，很多员工都希望能够把握住这样的机会来证明自己。对管理者和负责人来说，他们即便明知道这个职位有利可图，也不会动歪心思，在整个华为中，很少发生贪腐现象，也没有人会在承包工程的时候中饱私囊。这种良性的运作当然得益于华为严格的用人制度和监管制度，同时也和华为人的团队意识密不可分，他们绝对不会为了个人的私利而出卖团队利益，不会为了满足个人的欲望而损害集体的利益。

不仅如此，华为人平时就注重维持企业的形象。在国外工作的员工每天的工作任务很重，生活又枯燥无趣，常常要加班加点地赶工，有些地方有时还可能会出现政治冲突。即便这样，只要公司有需求，员工都会积极响应号召出国去奋斗。很少有人会在工作中懈怠，对他们而言，保质保量按期完成工作是对企业最基本的交代，所以无论如何都会先去考虑公司的利益。

华为多年来一直都在打造和强化企业的团队建设，希望把每一个员工都纳入华为整个的工作体系中来，让员工们为了共同的目标而奋斗。通过考核制度、股权分配制度、企业文化建设等一系列措施，在潜移默化中影响员工。员工在做事之前往往会先想，这样做是不是对公司有利，会不会产生负面影响，有没有违背公司的规定……他们具有强烈的归属感，也都明白个人利益与集体利益是相辅相成的，个人利益要服从集体利益，而个人利益也是在集体利益得到保障的基础上实现的。

当一个企业中的所有员工都将集体利益放在首位、甘愿为了实现集体的目标而牺牲个人利益时，那么这个团队一定是不可战胜的。华为正是这样一个强大的企业，正是这样一个伟大的团队。它的成功是因为拥有一支相互协作的队伍，而且还是一支人人都懂得奉献的队伍。

第五章 Chapter 5

知识经济时代的新经营逻辑

美国管理大师彼得·德鲁克说过："知识已成为真正的资本和首要财富。伴随着知识地位的提升，世界经济已进入知识经济时代。"因此，知识已经成了新的经济增长点，成了企业发展的一个新坐标。华为对于知识时代的敏锐认识和把握是非常精准的，相比其他企业，它真正理解和尊重知识，并懂得把知识理念融入自己的血液当中，懂得将知识的理念贯彻到每一个环节和细节当中，所以华为依靠知识实现快速发展是必然的。

The nature of the business

1. 华为的知本主义

> 我们这个时代是知识经济时代，它的核心就是人类创造财富的方式和致富的方式发生了根本的改变。随着时代的进步，特别是由于信息网络给人带来的观念上的变化，人的创造力得到极大的解放。在这种情况下，创造财富的方式主要是由知识、由管理产生的，也就是说人的因素是第一位的。这是企业要研究的问题。
>
> ——任正非

很多人在参观位于深圳龙岗区的华为坂田基地后发现一个非常有趣的现象：基地内的所有道路都是以中外著名科学家的名字命名的，如贝尔路、冲之路、居里夫人路、稼先路、张衡路等。华为为什么要用名人的名字来为道路命名呢？其实，率先提出这个想法的正是任正非本人，他的想法很简单，就是通过这些文化名人来提醒华为人，一定要尊重知识、重视知识，意识到知识的重要性。

为了强化员工对知识的认识，任正非在《走出混沌》一文中说道："对一些高技术产业，人的脑袋很重要，金钱资本反而有些逊色。

应多强调知识、劳动的力量，这就是知识资本，我们称之为‘知本主义’。”这就是华为“知本主义”的来源，这个理念也体现出了任正非对于知识的尊重和渴望，他希望员工能够重视知识，运用知识来改变自己的命运、改变公司的命运。

不仅如此，在讨论《华为基本法》的时候，很多人建议突出财务的重要位置，并认为它是企业发展中最重要的元素。任正非对此提出了不同的看法，他觉得人力资本才是第一要素，并且力排众议强调一定要把“人力资本增值的目标优先于财务资本增值的目标”这一条写进去。

人力资本不仅仅依靠人数，更依靠人力资源的质量，因此人的知识水平、知识量才是关键。很多人质疑任正非的理念，认为知识虽然重要，可未必就是企业发展中最重要的要素。大家都认为华为最需要的就是资本，毕竟有了资金才会有更多、更大的投入。

对于这种反驳，任正非有自己的想法。他觉得华为最初的发展的确是靠着大家的一股拼劲，可若不是因为研发人员掌握了出色的理论知识，恐怕也难以发明出好的产品。此外，随着企业的发展壮大，知识水平普遍偏低的问题日益暴露出来，并且影响了企业的改革和进一步发展。任正非曾经在《华为的红旗到底能打多久》中提到：“知识经济时代，企业生存和发展的方式发生了根本变化。过去是资本雇用劳动，资本在价值创造要素中占有支配地位，而知识经济时代是知识雇用资本。知识产权和技术诀窍的价值和支配力超过了资本，资本只有依附于知识才能保值和增值。”

在这段话中，任正非明确了一点：知识已经支配了资本。早在1992年，任正非访问美国后就发现了知识的重要性。当时他在参观了美国的企业，了解了美国人的生活方式后，不由得感慨：“我们的国土与美国大致相等，但西藏、新疆就占去大部分，云贵高原的大山又占去一部分，余下不到一半的国土上却生活着近10亿人。教育经费的缺乏、文化素质的低下，是中国不发达的一个重要原因。”

他一直以来都坚持要打造华为的“知本主义”，要利用知识来改变华为，提升华为的竞争力。都说科学技术是第一生产力，而科学技术的出现以知识为前提，可见知识才是转化科学技术的原动力。从某种程度上来说，知识就是第一生产力，谁掌握了足够的知识，谁就在发展中更容易占据优势。事实上，“知本主义”原本是一个企业文化概念中的词，而华为将其用于技术管理当中，正好体现了其对“知识转化为技术，知识转化为资本”的强烈要求和愿望。

任正非清醒地认识到没有知识，就没有技术；没有技术，就没有产品；而一个没有产品的公司，就什么都不是。但凡那些伟大的公司，都是一些科技发达、知识水平很高的企业，它们也都注重对知识的学习和吸收，懂得如何将知识转化为技术、产品以及竞争力。

在知识转化为技术和产品的过程中，任正非一直强调对人才的吸引和把握。通过吸收人才、利用人才来实现知识的转化，“形成一个以机会牵引人才、人才牵引技术、技术牵引产品、产品牵引更大机会的良性循环反应。在这种牵引力的连锁反应中，人才所掌握的知识处于最核心的地位，资本则被搁置在牵引力之外，从而充分表现了知识至上、以知为本的理念”。

对华为而言，“知本主义”并不是一个宽泛的、空洞的概念，要想抓住“知本主义”，要想实践“知本主义”，华为需要加大人才的吸收和培训力度，需要增加更多研究方面的投入，需要提高自我学习的力度。此外，“知本主义”也有自己的标准和特点：以教育操纵社会发展、维护社会秩序，以高度教育化、信息化为基础，实行各尽所能、按劳分配，实现电脑网络普及到户（高度信息化）、人人会使用电脑（高度教育化）的目标。华为想要做的是达到这些标准，和其他注重知识经济的企业一样做到高度的信息化和高度的教育化。

这些年来，正是因为坚持这样的理念和目标，华为一步步走向强盛，它将知识运用得融会贯通，并且尽量使其转化为企业前进所需的动力。

2. 尊重并把握知识产权

> 西方国家在知识产权的策略和政策上都被证明是比较成功的，这些策略和政策促成了它们的经济大发展。我国正在自主知识产权经济上急起猛追。我认为急是急不来的，要从根本抓起，要卧薪尝胆几十年。
>
> ——任正非

2003年1月23日，思科向法院递交了长达77页对华为的诉讼材料，宣布对华为非法侵犯思科知识产权正式提起法律诉讼。尽管华为最终胜诉，但是这个经验教训让华为意识到西方国家对于知识产权的重视，这也给任正非提了一个醒。之前在国内的竞争中很少有公司会看重知识产权，也不注重尊重和保护知识产权，有些公司甚至故意侵犯他人的专利技术。

任正非曾经说过："中国缺少创新、没有原创，主要原因是不尊重知识产权，没有严格的知识产权保护制度。加上社会文化没有包容精神，不鼓励试错，不包容有个性甚至有一些极端怪癖的人，如苹果的乔布斯、休斯飞机制造创始人休斯都是个性张扬、行事反叛的人，在中国现有文化背景下肯定难以冒出来，因为我们包容不了乔布斯。中国出不了乔布斯，这就导致谁也不愿进行原创，都热衷于抄袭。”

在国内市场上，也许有时候不会有人来计较这种混乱无序的侵权现象，但是在国际竞争中，侵权是一个重大的商业事件，很可能给企业的发展带来灭顶之灾。在西方国家，知识产权有着非常严格的立法，而且世界知识产权组织多年来也一直致力于知识产权保护的工作，会把一些不守规矩或者任意侵犯他人知识产权的企业纳入黑名单。当时的世界知识产权组织总干事阿帕德·鲍格胥博士明确表示：“人类的聪明才智是一切艺术成果和发明成果的源泉，这些成果是人们美好生活的保证，国家的职责就是要保证坚持不懈地保护艺术和发明。”

从发展的角度来说，侵犯或者抄袭别人的专利技术并不能真正带动企业长远发展。任正非意识到，华为要想获得市场的认可，要想增强国际竞争力，要想真正地和国际巨头掰手腕，唯一的办法就是运用知识的力量武装自己，用自己的技术和专利打败对手。换言之，华为需要打造自己的知识产权。

在西方社会，企业都非常注重知识产权，目的是为了实现技术垄断，从而保持自己在技术上的绝对领先优势。这种自我保护策略在国际竞争中很常见，也是一种非常高明的游戏规则。因此，一些国际巨头经常会以大欺小，利用自己的专利技术和知识产权大做文章，如对华为的发展指手画脚。华为在20多年的发展过程中遭遇了很多专利大战和产权纠纷，不仅仅是思科公司，像诺基亚、阿尔卡特、西门子公司都和华为发生过类似的摩擦。为了击垮华为，这些公司曾经一次就列出200项专利跟华为谈判，内容涉及华为的各个产品线，要求华为将当时产品销售额的2%~10%作为专利费。

这些知识产权纠纷让华为感到困扰，在发展初期由于企业势单力薄，缺乏竞争力，华为只能小心谨慎地应对。但有时候还是难以绕过对手的技术壁垒，华为对此感到非常无奈。当然在很多时候为了生产的需要，华为不得不花费巨额资金支付专利费。在最初的几年，华为几乎每年都要向西方国家支付数亿美元的专利费。任正非很快意识到，谁拥有了技术、谁拥有了更多的知识产权，谁就掌握了竞争的话语权。

为了避免国际巨头的压榨和排斥，任正非做出了明确指示，要求各个部门加紧技术研发和创新，鼓励研发人员通过自身努力申请各种外国专利。同时也保证尊重专利持有者的知识产权，并为之支付合理的费用。为了确保研发效果，任正非下达了一个死命令，那就是要求公司每年从销售额中至少拿出10%来投入研发。不仅如此，他去国外考察时发现诸如爱立信和朗讯中研发人员的比例都很高。任正非回国后也采用了这个办法，增加了研发人员的人数和比例，从而确保获得更多的技术专利。

不过，任正非也承认，知识产权投入是一项战略性投入，需要一个较长的周期，“它不像产品开发那样可以较快地在一两年时间内就看到效果，它需要一个长期的、持续不断的积累过程。”所以多年来，华为一方面一直在加大知识产权研发的投入，另一方面则真诚地与众多西方公司按照国际惯例达成了一些知识产权的交叉许可协议，避免侵犯他人的权利，同时实现了技术专利共享。

经过多年的技术研发和大力度的投入，通过更为合理的合作和学习，华为慢慢在技术方面追赶上了那些国际巨头，甚至在很多地方有了超越。华为申请的技术专利也越来越多，最近几年，华为已经成为世界上创新能力最强的企业之一，所申请的专利几乎是世界上最多的。

由于有了技术、产品和市场，华为在国际竞争中渐渐占据了主动权，开始从奋起直追的状态变成行业引领者，当初那些国际巨头引以为傲的专利技术、知识产权在华为这里已经构不成太多威胁。由于破除了技术壁垒，华为甚至对其他一些侵犯知识产权和专利技术的企业提出了诉讼，如对三星公司提出了类似的诉讼。华为表明了一种态度，它已经将知识产权作为一个竞争的法宝，而对于知识产权的不断重视也有助于华为的生产技术变得越来越好。

出于保护知识产权的目的，在华为，信息进出的端口都是被严格监视的，源代码更是被保管在24小时有人监控的保险柜里。据说保险柜外面还设置了多层电子门禁，其严格程度不亚于国家保密局。华为一位员工戏称："在华为，连一只苍蝇也难飞进去。"这些措施对华为而言是很有必要的，因为在软件行业，源代码是最关键、最值钱的，一旦被窃取，将给华为的利益带来重大损害。因此，华为不得不花费大力气来保护企业的核心研发成果。

此外，泄密事件最容易发生在内部人身上。为了保护研发成果，华为先后制定了很多制度来规范和约束员工的行为，如员工进入华为后必须熟读《员工保密协议》《华为人行为准则》《文档保密管理规定》等文件。与此同时，每一个员工都必须同公司签署有关保密协议，确保不会做出有损公司利益的事情，更不会侵犯公司的知识产权。鉴于过去有很多竞争对手挖墙脚，任正非规定，即便员工离开了华为也不能从事和华为有竞争关系的工作。

随着华为的不断变强，随着华为对知识产权越来越重视，华为逐渐脱离了过去那种看别人脸色行事、花钱支付专利费的困境。不仅如此，越来越多的巨头公司开始主动接洽华为，希望彼此能够进行更加深入的合作。这种合作从本质上说是双赢的，但如果透过现象窥探那些国际巨头的动机就会发现，他们实际上在发展上已经落后于华为，并且在某些技术环节上可能还有求于华为，它们希望通过合作的方式来提升自己的竞争力。无论如何，当国际巨头肯放下身段和华为联手时，就已经证明华为的确变得越来越强，这也足够证明华为这几年对于知识产权的重视收到了很好的效果。

3. 向竞争对手学习

这十年，是西方著名公司蜂拥进入中国的十年。它们其实不仅是竞争者，更是老师与榜样。它们让我们在自己的家门口遇到了国际竞争，知道了什么才是世界先进，它们的营销方法、职业修养、商业道德都给了我们启发。我们在竞争中学会了竞争的规则，在竞争中学会了如何赢得竞争。世界范围内的竞争者的进步和发展咄咄逼人，稍有松懈，大家的差距就可能再次拉开；而国内同行的紧紧追赶使我们不敢有半点怠惰，客观上促进了我们的快速进步。既竞争、又合作，是21世纪的潮流，竞争迫使所有人不停地创新，而合作使创新更加快速有效。我们不仅与国内竞争对手互相学习，而且与朗讯、摩托罗拉、IBM、TI等十几家公司在未来芯片设计中结成了合作伙伴关系，为构建未来为客户服务的解决方案共同努力。

——任正非《创新是华为发展的不竭动力》

1983年，任正非从部队退役进入一家电子公司当经理。由于缺乏足够的商业经验，结果被人骗走200万，最终被公司开除。由于无路可走，任正非咬咬牙，决心成立华为。创业没有想象中那么简单，在历经波折后，他意识到企业要想发展就一定要保持开放的姿态，不能闭门造车、好高骛远，要保持谦卑、低调的姿态。

当时任正非认为，华为成立时间短，缺乏足够的经验，要想获得成功就需要从那些成功的企业身上汲取更多的经验。他先后多次组织队伍出国考察，去过日本、美国和欧洲各国，从那些大公司那儿学习到了很多先进的理念和思想，也学习和引进了新的管理方法。有些公司虽然还是华为的竞争对手，但华为依然愿意去虚心请教。在任正非看来，只要对方有值得学习的地方，就应该主动学习，而且了解竞争对手对自己的发展非常有利，可以做到知己知彼。

爱立信和华为多年来一直都在争夺市场，而阿尔卡特和朗讯组成了“阿尔卡特—朗讯”公司，诺基亚和西门子也成立了“诺基亚—西门子”公司，它们都成了华为强劲的竞争对手。但华为仍旧愿意向它们学习，如任正非多年来一直加大对研发的投入就是受到贝尔实验室的影响。任正非了解到，贝尔实验室每天产生的专利达到了4件，而每年的研究经费达到了20亿~30亿美元，这种大额度的投入让任正非觉得非常惊讶，最终也影响了他的管理思想。

对于竞争对手，任正非明确表态：“我们应尊重他们、学习他们，批判地继承他们。”而且他还强调一定要“不带成见地去认识竞争对手，认真向他们学习好的东西，才有希望追赶上他们”。在华为的发展过程中，谁才是华为最大的对手？是朗讯、爱立信，还是思科？其实都不是。就双方之间摩擦和斗争的激烈程度而言，华为最大的对手恐怕是美国。

很多人都觉得华为一定非常讨厌美国，觉得华为一定对美国没有太多的好感。可任正非有一次在英国伦敦接受国际媒体采访时，明确表示美国是个伟大的国家。在任正非看来，美国具有很多值得学习的地方，如先进的制度、灵活的机制、明确清晰的财产权、对个人权利的尊重与保障，这些都足以确保美国的强大。

尽管美国多次刁难华为，想方设法将华为阻挡在美国市场之外，可华为从来没有动摇过向美国学习的决心。任正非也多次在内部发表声明，要求华为人学习美国先进的技术和管理制度。

任正非有一次去美国考察，看到美国企业一派欣欣向荣的景象，不由得感慨万千："美国人踏踏实实、十分专一的认真精神，精益求精的工作作风，毫无保守的学术风气，值得我们学习。美国人没有像中国人那么多远大的理想，没有胸怀祖国、放眼世界的空洞抱负，也不像我们那样充满幻想。这个民族踏踏实实、不屈不挠的奋斗精神是值得我们学习的。航天飞机、大规模硅片、超大型计算机、超微型的终端、发达而优良的电信设备、测试仪器，都是美国人民创造的，是掠夺不来的。"

在诸多对手中，美国是最难缠的，恰恰也是任正非最尊重的。他多次强调要向美国人学习，如在华为员工工作积极性下降之后，他建议华为人要学习美国军队的战斗精神和血性；在进行流程管理和控制的时候，他又建议华为学习美军流程性的组织架构；在战略制定方面，华为借鉴了美军"去中心化"的战略选择，实现了以"功能为中心"向"项目为中心"的转变。就连从美国公司引入管理体制后，他也形象地称之为"美国鞋"。

在华为眼里，美国是一个让人恨得牙根发痒同时又让人充满敬意的对手。很多人认为正是因为美国政府的阻挠才影响了华为在北美市场的开发，可是对于华为而言，美国同样给它带来了很多指导性的帮助，如美国人的工作方式、美国企业的先进制度、美国人对于知识的看重，都影响了华为。

在华为人看来，真正好的企业不仅要懂得尊重对手，还要主动向对手学习。任正非对此的理解是，外国那些企业已经获得过成功，它们的发展时间更长、积累的经验更多，它们的发展模式是在长时间的考验中形成的，因此具有很大的科学性和合理性。华为要想实现快速发展，仅仅依靠自己摸索肯定不行，还需要借鉴别人的发展经验，尤其是向那些同行业的竞争对手借鉴。

4. 注重学习和自我提升

我们要求高中级干部及一切要求进步的员工在业余时间学习，相互切磋，展开有关讨论及报告会。不要求一切员工都形式主义地跟着念报。员工有不学习的权利，公司也有在选拔干部不使用的权利。这种权权交换，使得每一个要求进步的员工都会自觉学习。高中级干部有退步的，我们也要调整下去。对《基本法》中的企业文化，不是熟读唐诗三百首般就行了。我们考核你是否学好，是看本职工作是否做好，是否有做好本职工作的潜力。因此，没有做好本职工作的员工就肯定没有学好。

——任正非

华为的很多员工常常发现任正非捧着外语书认真学习，一个跨国企业的老总为什么还要学习外语？任正非学习外语源于华为人身上的一个重大缺陷。自从1995年华为准备进军国际市场，任正非就发现由于沟通能力不行，公司在对外扩张的过程中吃了很多亏，失去了很多投资机会。而这一切就因为英语能力不行。这不仅仅是自己的问题，也是公司内一个比较普遍的问题。当时，多数人都不懂英语，更不用提说一口流利的英语了！

为了改变现状，任正非主动带头学习英语，并且在一次董事会上特意指着众人说："将来董事会的官方语言是英语，我58岁还在学英语，你们这些常务副总裁就自己看着办吧。"由于任正非的带头和指示，其他董事会成员不得不跟着学习英语，下面的管理人员也自发地学习英语。

任正非是一个非常喜欢学习的人，时刻注意提高自身的知识和修养。他非常喜欢阅读，涉猎也很广泛，从政治、经济、社会到人文、文艺等各方面，几乎全都囊括了。据说任正非每次去北京出差，三个小时左右的航程中有两个半小时在读书，这种狂热的学习劲头让人感到震惊。任正非曾经给员工家属写过一封信，其中有一段就是谈读书。他在信中说："不要以为过了学生时代就不用读书了，要让读书成为生活的一部分。很多人都说自己没有时间读书，那要看我们如何挤出读书的时间。对一个职业女性来说，要想有一段很完整的、几个小时的学习读书时间几乎是不可能的……"为了督促身边的人学习，任正非经常给高管推荐一些非常有价值的书籍，大家自然不敢懈怠，生怕哪一天任正非突然进行考问。

阿里巴巴的马云曾经说过："创业者最大的快乐就在于在创业过程中去学习、去提升。很多时候是因为创业者自己搞不清楚而去创业，当你搞清楚以后就不去创业了，所以创业者书读得不多没关系，就怕不在社会上读书。"任正非也认为工作和学习并不是脱节和分离的，学生从学校毕业之后参加工作，并不意味着就不需要再学习了，要想提升工作效率和工作能力，就要不断丰富自己的知识，利用更多的知识来指导工作。

他曾经这样描述自己："实际我上是个宅男，我没有其他的生活爱好，下班就回家，不是读书就是看电视、看纪录片、上网。”对他而言，除了工作之外，他渴望通过各种渠道来获取知识。20多年来，勤奋好学的任正非走遍了全球大多数国家，接触和见识了很多不一样的东西，也与全球数百位政治人物、商业巨子、学者、竞争对手、科学家乃至艺术家、寺院中的僧侣等各色人物有过无数沟通和交流。每一次，他都把握住学习的机会虚心向别人请教，虚心地了解他人的思想和不同地区的风俗文化，这显然拓宽了任正非的视野，充实和丰富了他的思想。

为了强化这种自发学习的能力和态度，华为一直都建议员工在遇到问题时多问几个“为什么”。由于每年都会有一大批新员工入职，这些人缺乏锻炼，对工作不能熟练掌控，因此需要通过不断学习和求教来提升自己的工作水平。有个外国企业的负责人曾经奉命接待华为的考察团，在带领考察团参观企业并进行讲解的时候，他发现，考察团中的人一直不停地问各种问题。每次他讲到一个小问题、一项新技术、一件新产品时，有人就会相应地提出各种问题。负责人觉得很奇怪，按照他的理解，华为是一家大公司，员工们应该知道很多东西，而且即便不知道一些新的东西，华为人为了保持形象或者面子也可以选择闭口不问。

这种虚心学习的态度让负责人很感动，他觉得华为之所以能够在短时间内就超过竞争对手成为行业内的领导者，依靠的正是这种努力学习、不断提升自我的进取精神。有家国外公司的生产部门经理来华为考察后，也认为华为人的求知欲让人肃然起敬。他回去后对公司高层说，华为是一个真正危险的对手，这不仅仅是因为他们的员工比我们更加聪明勤奋，更要命的是他们一直都在寻求进步之道。

任正非认为，华为当初是从一群“土八路”手中建立起来的，随着时代的发展，“土八路”不能再用过去的思维和方法解决问题，也不能用过去的知识水平来处理内部的工作。任何一个华为人都需要与时俱进，需要在跟紧时代脚步的基础上提升自己的实力。正因为如此，任正非一直都在倡导学习，督促华为人不断进步、不断成长，这也确保了华为人从当初的“土八路”变成了潮流的引导者。

5. 把人才放在最重要的位置上

> 保持金字塔的基本架构，拉开金字塔的顶端形成蜂窝状，让引领发展的“蜂子”飞进来；异化金字塔的内部结构，在业务、技术和管理关键岗位上，优秀骨干与一般骨干可以拉开差距。向外差异化对标，引入、用好更优秀的人才。
>
> ——任正非

1996年，华为以4万美元的年薪招聘了一位从事芯片研发的工程师。当时，4万美元的年薪非常高，尤其是对华为这个正处于发展初期的公司来说。在需要更多资金来增加投入的时候，贸然为一位工程师开出这样高的工资显然让人难以理解。华为内部很多人对此颇有微词，可是任正非仔细考察过这个工程师，发现他的能力很强，不仅工作经验丰富，工作能力也很突出，正是公司所需的人才，因此他愿意慷慨地开出支票。

而他这种“惜人才，重人才”的态度也赢得了工程师的尊重。这位工程师为了报答任正非的信任与重视，在工作中一直倾尽全力，结果创造的价值远远高于4万美元的年薪。这时，任正非再次做出了惊人的举动，主动将工程师的年薪调到了50万元人民币。这份报酬在当时非常少见，很多企业老总一年的收入也达不到这个数，但任正非愿意用高工资来吸引人才。

这样的任性之举，任正非早就干过好几次，如当年被称为“天才”的李一男就受到过任正非的重视。1992年，当时还是在校硕士生的李一男进入华为实习，任正非一眼就相中了这个能力出众的小伙子，并破天荒地让他主持研究开发一个重要的技术项目。对于一个尚在实习期的员工而言，几乎不敢想象，很多管理层的人都提出抗议，认为任正非太过意气用事，但任正非力排众议。

当时，李一男认为该项目需要购买一套价值20万美元的外国设备，于是提出了申请。这笔钱对于创业初期的华为来说无疑是一个沉重的负担，很多人都觉得华为不该出钱买设备，不该因为一个毫无工作经验的年轻人的一句话就承担巨大的财务风险。但任正非这一次还是很坦然地点头同意了李一男的申请。

购买设备之后，由于市场和社会环境出现了变化，项目一再搁浅，20万美元的投资打了水漂。李一男觉得很内疚，可是任正非却表现得非常大度，根本没有因为这件事责备李一男。他觉得年轻人搞技术开发碰壁是常有之事，最重要的是能够从中吸取教训重新再来，而且他也准备好要聘用李一男。

多年来，任正非始终保持宽广的胸怀，保持更为深邃的目光，在企业发展这件事上他没有拘泥于资本的得失，而是比其他人看得更深更远。在他看来，人才才是企业发展的基本动力，是企业获得进步的关键，钱亏了可以再赚回来，可是人才流失了往往就难以再要回来了。

正因为始终坚持“以人为本”“以人才为本”的理念，任正非一直都非常重视人才。如果说华为坚持“知本主义”，那么这些人才就是《华为基本法》中所提到的“知本家”，“知本家”是践行整个“知本主义”的核心，也是华为重视知识经济、发展知识经济的一个基础。只有重视人才、培养人才、用好人才，才能真正发挥出知识经济的力量。

为了挽留人才，任正非一直坚持“高薪养人”的策略，通过支付比业内更高的薪水、更好的福利来避免人才流失。在华为内部，员工不仅享有高工资，还有机会获得公司的股份，这样每年都能获得相应的红利。

物质奖励是任正非吸引人才的重要方式，不仅如此，他还从心底敬重和信任人才。李一男曾经被任正非称为“干儿子”，还有为华为开发出了第一台模拟空分式用户交换机的郑宝用，也深受任正非的尊重。在一次公司高层会上，任正非指着郑宝用说：“郑宝用，一个能顶一万个。”然后指着另外一位公司高层领导说：“你，一万个只能顶一个。”这种赤裸裸的偏爱让在场的人几乎傻了眼，这就是任正非的个性，他不喜欢说虚话、套话，从不掩饰自己对有才干的人的尊重，对他而言，人才始终是摆在第一位的。

对于华为而言，一个企业的发展并不是依靠少数几个顶级人才就能完成的，华为必须炸开封闭的人才金字塔模型的顶尖，以更加开放的姿态去面对市场。有位华为高管说过：“未来的华为将不再依靠塔尖上那个人的视野，而是天才成批地来，真理引导华为的未来发展。”

按照任正非的理解，华为不能只依靠少数人才，而必须建立起三个人才梯队。

首先是黑天鹅梯队。由于高科技领域的创新速度越来越快，行业内很容易出现各种黑天鹅事件，尤其是像诺基亚这样的巨头在短时间内被人干掉，这让任正非非常担心。为了阻止“黑天鹅”的出现，华为在每条产品线上都会组建两支队伍——红军和蓝军。所谓的红军，其主要任务就是对某个流程进行规划，而蓝军存在的目的就是每当红军做出设计和规划时他们都会想尽办法来“捣乱”，“吹毛求疵”地找出红军设计流程中存在的各种缺陷。在华为看来，只有当华为的蓝军努力颠覆红军的时候，它才不会被别人颠覆。

其次是预备梯队。所谓“预备梯队”指的是未来接班的年轻人队伍，按照任正非的理解，华为管理层和骨干层如果因为忙于公司业务而缺少学习和自我提升的机会，就很容易被淘汰，这时候需要预备梯队迅速替补上去，将新的思想和方法带到工作岗位上，这样就能够实现人才的更替，确保企业长盛不衰。

最后是能工巧匠梯队。华为要提高大专生和中专生的起薪，打造以技术为中心的生产系统，招收大量的高端技师，并在日本和德国建立精密制造中心，在世界范围内招聘能工巧匠，以此来打造一支更加专业、更具竞争力的技术队伍。

为此，1998年，任正非在高校发动了万人大招聘，目的就是抢夺重点院校的人才。据说当时的教育部长听到这个传闻后，让人将华为录用的全部毕业生名单打印出来，结果发现：全国前20所重点高校的计算机与通信相关专业的毕业生中有将近20%去了华为。此举曾经引发了很多竞争对手的恐慌，他们非常担心任正非会形成人才垄断。

不仅如此，任正非还强调在内部开展人才培训工作。华为成立了相关的培训机构，几乎每一个进入华为的新员工都要接受为期一个月的培训，目的就是更好地提升工作能力。华为每年都在增加培训的费用，以此保障培训的质量。对于一些能力出众的员工，华为会自掏腰包安排他们出国深造，这也成了吸引人才的一个重要方式。

这些年来通过一系列举措，华为吸引了大批人才，实现了任正非“天下英雄尽入吾彀中”的豪情壮志。这些人才几乎都是专业领域内的佼佼者，他们为华为注入了新的活力，带来了强大的竞争力。可以说，正是因为他们的存在，华为才能不断获得突破和成功。

6. 增加高科技研发的投入

> 我们是瞄准业界最佳，现在业界最佳是西门子、阿尔卡特、爱立信、诺基亚、朗讯、贝尔实验室等，我们制定的产品和管理规划都要向他们靠拢，而且要跟随他们并超越他们。如在智能网业务和一些新业务、新功能问题上，我们的交换机已领先于西门子了，但在产品的稳定性、可靠性上，我们和西门子还有差距。我们只有瞄准业界最佳才有生存的余地。
>
> ——任正非

前一段时间，有人拿华为和其他国内实体企业做对比，发现在国内实体经济一片哀嚎、实体企业纷纷面临困难的时候，只有华为仍旧保持良好的发展势头。之所以会出现这种情况，很大一部分原因在于华为的发展依靠的是自主研发，它的技术和设备都是依托于自己的产业基础的。而多数国内企业更接近于加工或者代工性质，缺乏自主研发意识，也缺乏自主研发能力，根本没有多少属于自己的技术型核心竞争力，这是导致这些企业发展遭遇瓶颈的重要原因。

多年来华为一直都坚持高比例的研发投入，可以说，华为已经成了一家高科技公司，而且绝对是排名世界前列的高科技公司，它的技术专利和创新能力都是世界上数一数二的。过去，有很多人对此质疑过，认为华为根本没必要投入几百个亿去搞研发，毕竟在中国有很多企业仅仅依靠相对简单的技术加工就可以完全应对市场的竞争压力。任正非不为所动，他比任何人都看得更远，比任何人都知道知识的重要性。而研发就是提升知识水平、将知识转化为生产力的最佳方式。他认为，一个伟大的企业一定要有自己的技术优势，自主研发是确保企业长久发展下去的一个基础性因素。

有人做过调查，发现在知识不断更新的时代，技术每年的淘汰率为20%，其寿命周期只有5年。也就是说，每一次技术的更新和变革都会导致20%的企业淘汰出局，而一项重要技术的变革周期通常只有5年。再换句话说，每隔5年，可能就会有20%的企业遭到淘汰。这是一个非常严峻的形势，也是一个重大警告。

知识经济时代的快速变革使得各个企业不得不加快研发脚步，这样才能确保自己跟得上时代发展的脚步，不至于被市场淘汰。任正非有这样的危机意识，是因为无论是个人的生活经历还是华为的发展历史，都让他深深意识到企业对于知识尤其是对于高科技的依赖。华为每年都会投入一大笔钱用于研发新技术、新产品，而且公司的研发人员几乎占据了员工数量的一半。

任正非曾经说过，如果自己不进步，而别人都在进步，都在努力搞研发，那么自己和别人之间的距离就会越拉越大，等到技术出现更新换代后，华为就有可能落后于对手，最终失去市场竞争优势。所以持续性地保持投入，是华为能够在市场上获得成功的关键。

2001年，时任联想集团总裁兼CEO的杨元庆来华为参观，对华为研发部门取得的成绩连连称赞。杨元庆当时对任正非提出了想让联想加大研发投入以及想要做高科技的想法，任正非非常赞同，不过他对杨元庆说：“开发可不是一件容易的事情，你要做好投入几十个亿而几年不冒泡的准备。”

在任正非看来，进行高科技投入不能是出于一种冲动，而应该是发自内心的决策，是一个理性的战略规划。只有下定决心搞研发，下定决心增加投入，才能有效把握知识经济时代的脉搏，也才能在知识经济时代把握发展的机会。事实上，从联想几年来的发展看，很显然，它在研发投入方面的力度还不够，至少研发的效果并不明显，企业的发展也出现了很多问题。

像海尔公司、格力空调以及华为，实际上都是依靠自主研发投入来立足市场并充分发挥和享受知识经济带来的优势的。在这方面，华为的延续性做得更好一些，发展也更加稳定，所以华为至今仍旧是国内制造业的巨擘。

在过去很长一段时间，华为和中国的其他企业一样，都被外国贴上“技术低下，研发能力不行，擅长模仿”的标签，而国内企业在技术领域内的全面落后也是一个不争的事实。出现这样的困境，就是因为我国工业基础薄弱，技术基础也非常弱，企业要想实现快速突破、要想在技术上追赶上别人，只能通过自主研发。任正非是最早一批意识到这一点的企业家。他在内部强调了很多次，认为生产技术是企业的硬实力，容不得半点马虎，也容不得半点弄虚作假，只有脚踏实地、增加投入，才能收到成效。

1997年，任正非从美国访问回来之后意识到了信息技术的重要性，他在文章《我们向美国人民学习什么》中探讨了这个问题。他认为：“十年之内，通信产业及网络技术一定会有一场革命，这已被华为的高层领导所认识。在这场革命到来的时候，华为即使抓不住牛的缰绳，也要抓住牛的尾巴，只有这样才能成为国际大公司。这场革命已经‘山雨欲来风满楼’了。只有在革命中，才会出现新的机遇。”

如何才能抓住牛缰绳或者牛尾巴？最要紧的就是保持研发的热情、保持研发的速度，通过技术研发来确保自己不会在时代潮流中落伍，这样才有机会在发展起点低、发展基础不好的情况下迎头赶上，并有机会实现超越，也才能在知识经济时代打造自己的品牌竞争力，获得生存优势。

7. 知识的管理和应用

现在是信息社会，知识很重要，更主要的是视野。所以要把经验写出来，年轻人看了案例后上战场再对比一次，就升华了……现在你们要善于把经验写成案例，否则做完了沾沾自喜，经验还只留在你一人的脑子里，没有了传承。

——任正非在重装旅集训营座谈会上的讲话

在推进知识变革的时候，华为将知识管理专门当成一项变革工作来做，这种做法引起了激烈的讨论。大家都不明白，华为为什么要做知识管理，而且要将其当成一个独立的课题来进行研究和实施。

根据华为知识管理的负责人所说，华为的知识管理由来已久，而且是从研发过程中产生的。由于研发工作的顺利推进需要分享知识、获取知识，于是公司内部开辟了很多平台用于知识以及经验的交流、分享。如在十几年前，华为内部就打造了Notes 办公平台，并在这个平台上开通了BBS论坛。那时候，整个公司的人都会在上面分享知识以及自己的经验，这为研发工作的推进带来了很大帮助。

后来由于平台过于开放，可能会导致公司内部泄密事件的发生，公司很快又关闭了这个平台。2008年，公司开通过名为Connect的社区，鼓励大家在社区里进行信息共享。

2010年，由于业务需要，从机关到一线传递知识的诉求变得越来越强烈。为了让一线更快地了解和掌握所需要的知识，公司产生了系统地做知识管理的想法，并邀请相关人员进行讲解。

随后公司发现单纯的信息共享和知识传播并不是真正的知识管理，知识管理的核心应该将知识应用到实际工作中去，应该产生实际的价值。可以说，知识管理的价值不依赖于知识本身，而依赖于组织成员对知识的现实运用。华为的高层纷纷表示在过去一段时间里，华为最大的浪费就是经验的浪费。大家有了很好的知识，有了很多知识经验，但是仅限于传播和分享而忘了应用起来，实际上这不能带来任何价值，也不会给企业带来任何帮助。

当时为了宣传知识管理的重要性，华为内部有一个非常典型的案例教材：英国一家石油公司曾经在Foinaven、Schiehallion油田开采石油，在开采第一个油田的时候花了6亿美元。为此，在开采第二个油田Schiehallion时，公司决定进行改进，他们对第一个油田开采过程中的经验和知识进行讨论、总结，还针对性地加强了学习，结果在开采第二个油田时效率得到了很大提升，成本也得到了有效控制。Schiehallion油田的第一口井就达到了Foinaven油田开采的历史最高水平，而等到第二口油井开采之后，经统计，发现成本比第一口油井降低了1亿美元。

经过有效的知识管理，英国石油公司将过去的经验和新的知识结合起来，应用到新的开采行动当中，最终产生了重要的价值。这个案例也让更多的华为人了解到知识管理的重要性。华为很快进行试验，在内部推行知识管理。

比如，华为在扩张国际市场的道路上遇到很多问题，如何更好地解决这些问题成了华为管理者非常头痛的事。任正非曾经在内部工作汇报会上说道："人要善于总结。人的思想就是一根根丝，总结一次打个结就是结晶，四个结就是一个网口。多打了结，纲举就明了了。总结得越多，就越能网大鱼。"于是，海外管理者将目光投向国内市场，他们发现很多国内过去积累的知识和经验或许对解决海外市场的问题有些帮助，可惜这些方法没有传递到海外，有些还停留在运营商上。高层建议，海外市场部门向埃塞俄比亚的工作团队学习。

埃塞俄比亚是一个贫穷落后的国家，华为在攻占这个国家的市场时遭遇了很多问题，最终也经受住了种种考验。如果华为能够啃下这块硬骨头，那么对于其他市场来说肯定也不会太困难。正因为如此，公司专门派人去北非，将埃塞俄比亚的经验完完全全做了知识切割，做出分析和总结，还特意拍了视频，整个项目的实施背景、实施方法、实施效果都被完整呈现出来，一些有效的、可借鉴的信息被清晰地整理出来。这套"埃塞俄比亚模式"最终被广泛传播开来，并且被针对性地应用到各个市场上，产生了很好的示范和指导作用。

这两个案例不仅让华为对知识管理有了更深的理解，也对知识管理的强化起了很重要的作用，更重要的是，华为从中了解了知识管理的考核标准。那就是把握两个要点：首先，将知识管理应用到工作当中，知识管理的价值在于使用，任何不经使用的知识管理都是无意义的。其次，知识管理的考核直接和传统的业务指标挂钩，通过传统的业务考核来反映知识管理的成果和水平。

知识管理的推行和应用使得华为对于知识经济有了更为明确的认识，也使得华为对于知识经济的把握上升到了更高的水平。知识管理成了华为内部管理体系的一项重要工作，高管徐直军在《让知识和经验为华为创造价值》中更是明确表态："各级主管一直在苦恼如何持续提升员工的作战能力，如何确保业务效率和质量不断得到提升，一直在寻找解决此苦恼的钥匙，我认为知识管理正是大家要寻找的钥匙。"

第六章 Chapter 6

创新是企业进步的标志

随着社会的不断发展，创新已经成了竞争力的代名词。对任何企业来说，如果想要赢得更多的竞争优势，想要获得发展的动力就需要进行创新，需要持续不断地进行创新。通过创新打造自己的核心竞争力，通过创新完善和改进技术上、体制上的缺陷，通过创新完善企业的发展模式。从某个方面来说，创新是推动企业不断前进的动力，也是企业进步的一个重要标志。

The nature of the business

1. 不创新才是最大的危险

> 过去人们把创新看作是冒风险，现在不创新才是最大的风险。江泽民同志说创新是民族之魂。社会上对我们有许多传闻，为我们的经营风险感到担忧，只有我们自己知道我们实际是不危险的，因为我们每年的科研和市场的投入是巨大的，蕴含的潜力远大于表现出来的实力，这是我们敢于前进的基础。公司十分注重内部管理的进步。我们把大量的有形资产变成科研成果和市场资源，虽然利润暂时下降了，但竞争力增强了。
>
> ——任正非《华为的红旗到底能打多久》

马克思说过："在科学的入口处正像地狱的入口处，这是那些把有限的生命投身于无限的事业中历经磨难的人才能真正感受到的。"这是任正非非常看重的一句话，他将科学理解为一种技术创新，而且多年来任正非也一直想办法践行这句话。

他曾经在《创新是华为发展的不竭动力》一文中指出："信息产业进步很快。它在高速发展中的不平衡就给小公司留下了许多机会。不像一些传统产业，如飞机制造，它的设计理论已进入经典热力学，大公司充满了经验优势。而且数十年来，它们申请了无数的专利，使这种优势法律化。绕开专利，制造成本就会很高，没有竞争力。完全购买人家的专利，又如何能够超越？没有一场技术革命，没有新的技术突破，超越这些传统公司会越来越困难。而且，你没有理由一定会比他们做得好。

但信息产业不同，昨天的优势今天可能全报废，因为天天都在发生技术革命。在新问题面前，小公司不明白，大公司也不明白，大家是平等的。华为知道自己实力不足，不做全方位的追赶，而是紧紧围绕核心网络技术的进步投注全部力量，又紧紧抓住核心网络中软件与硬件的关键中的关键，形成自己的核心技术。在开放合作的基础上，不断强化自己在核心领域的领先能力。”

在这里，任正非强调了一点，那就是华为不能一味追赶别人发展的脚步，而应该坚持走创新的道路，通过创新赢得更多的竞争优势，通过创新改变自己在行业内落后被动的局面。事实上，在华为发展初期，公司大部分时间都处于困境之中，原因很简单，公司缺乏自己的核心技术，也没有自己的专利，在生产和竞争方面毫无优势可言。雄心勃勃想要开创一番事业的任正非，遭遇到人生最重大的危机。

最初的华为只是一家依靠模仿起家的公司，主要业务是代理销售港产交换机。在代理期间看到有利可图，华为也曾进行过仿造，可是这种初级的模仿无论是从技术还是性能上都比国外同类产品差很多。更重要的是，由于很多公司都在模仿，华为的产品根本不具备任何优势，这些国内制造商在低端市场的相互竞争使各家公司的利润越来越少，而且还严重影响了国内企业发展的生态环境。

华为的处境越来越艰难时，任正非意识到只有进行独立自主的研发，只有生产出属于自己的交换机，只有拥有自己的核心技术， 华为才能真正从困境中走出去，才能从低端市场进入高端市场，争取更大的生存空间。即使当时公司几乎濒临破产，也没能动摇任正非要进行自主创新、打造核心技术的决心。

经过长时间的摸索，华为发明了自己的交换机，慢慢积累了技术经验，发展势头也慢慢好转。但任正非丝毫不敢大意，他知道如果不努力很快就会被其他公司排挤出市场。那时候的华为与国际巨头相比，并没有太多的技术优势，竞争力非常薄弱。任正非一直在警醒华为的员工："在实践中我们体会到，不冒风险才是企业最大的风险。只有不断地创新，才能持续提高企业的核心竞争力。只有提高核心竞争力，才能在技术日新月异、竞争日趋激烈的社会中生存下去。"

正因为始终坚持走创新的道路，在之后二十几年的时间里，华为一直坚持"压强原则"，将大量的人力、物力、财力集中在通信核心网络技术的研究和开发上，从而确保形成自己的核心技术。华为先后打造了一系列核心技术与核心产品，它在SDH光传输、接入网、智能网、信令网、电信级Internet接入服务器、112测试头等领域开始，从落后位置一跃到了世界领先地位。此外，它的密集波分复用DWDM、C&C08iNET综合网络平台、路由器、移动通信等系统产品也跻身世界先进行列，这些都是华为多年来坚持创新的成果。

2014年，欧洲一家通信制造商的高管在一个非正式场合特别提到了华为，并给予了高度评价："过去二十多年全球通信行业的最大事件是华为的意外崛起，华为以价格和技术的破坏性创新彻底颠覆了通信产业的传统格局，从而让世界绝大多数普通人都能享受到低价优质的信息服务。"在很多人都对华为表现出敌视和批评的态度时，这位高管并没有像其他竞争对手那样批评华为只会用价格优势来占领市场，而是重点提到了一个词——创新。显然，华为的创新不仅为自己争取了更多的发展机会，也赢得了国际同行的认可。

任正非认为创新之路虽然艰难，但它是唯一的生存之路，也是成功的必经之路。他一直将创新当成华为过去二十年来一个重要的主题，始终坚持通过创新来完成企业的升级。正是因为创新，华为掌握了自己的核心技术；因为创新，华为的市场份额越来越大；因为创新，华为逐渐从国内走向国际，并成功成为行业内的领导者。

2. 先僵化，后优化，再固化

华为是一群从青纱帐里出来的“土八路”，习惯于埋个地雷、端个炮楼的工作方法。还不习惯于职业化、表格化、模板化、规范化的管理。重复劳动、重叠的管理还十分多，这就是效率不高的根源。在引进新管理体系时，要先僵化、后优化、再固化。

——任正非

20世纪90年代，中国企业出现了管理制度改革井喷的现象，华为也正是从那个时候开始关注管理，并且千方百计地引入先进的管理制度。这些公司都有一个重要特点，那就是发展迅速，处于扩张期。而管理的滞后限制了企业的进一步发展，必须尽快做出改革，改变原有的失衡状态。

华为在这一时期非常活跃，任正非带领考察团队频繁去欧美、日本等国进行实地考察。在这股管理制度的引入风潮中，有的公司是完全照搬，一旦出现问题又完全否定，并开始引入其他制度。由于缺乏了解，缺乏明确的规划，很多企业都在匆匆忙忙地赶场，最终收效甚微。任正非没有盲目地引入管理体系和制度，而是认真分析和对比，并且尽可能从实际出发，看看哪些制度最适合华为。

那时，IBM、朗讯、Hay、西门子等公司都是华为考察和学习的重点对象，华为很快选择了自认为最适合自己的制度。在具体应用的时候，任正非巧妙地采取了“先僵化，后优化，再固化”的策略，有计划、有步骤、有节奏地推进改革，不断强化管理制度在公司内部的融合。

首先，任正非认为，一套合理的制度要想成功推行下去就一定要采取必要的强制措施，不能因利益群体的反对而放弃。他决定强制性地套用引入的管理制度，即便员工发现了问题，也不急着去修正，而是削足适履，主动去迎合外国的管理模式。一方面是因为这些管理模式和系统都是经过实践考验的，拥有足够的说服力，员工必须先全盘接受它们。另一方面，引入制度后，公司应该先全面了解和适应它，而不是急着进行改革和修正，这样可能会导致管理体系不稳定。

任正非认为一定要先进行僵化处理，他与Hay公司的高级顾问进行谈话时提到了这个问题，明确表态：“我们引入Hay公司的薪酬和绩效管理是因为我们看到继续沿用过去的土方法，尽管眼前还能活着，但不能保证我们今后继续活下去。现在我们需要脱下‘草鞋’，换上一双‘美国鞋’。穿新鞋走老路当然不行，我们要走的是世界领先企业所走过的路。这些企业已经活了很长时间，他们走过的路被证明是一条企业生存之路，这就是我们先僵化和机械地引入Hay系统的唯一理由。”

僵化处理实际上给了员工更多接触和了解这些管理制度的机会，这是确保管理体系得以实施和建造的基础。对于一个追求创新的企业来说，单纯的引入和复制并不能真正带动企业的发展，毕竟华为和其他外国公司的发展情况不一样，有着自己的特点。等到整个制度在华为内部确立并稳定下来之后，任正非开始依据自身的具体情况进行优化和改进。正如任正非所说："当我们的人力资源管理系统规范了，公司成熟稳定之后，我们就会打破Hay公司的体系进行创新。"这就由僵化阶段进入了优化阶段。

这种优化同时也是内部的一次平衡。在任正非引入外国管理体系时，有很多人明确表示反对，他们担心引入的管理体系可能水土不服，会损害自身的利益。尽管任正非强制在公司内部推行了这些制度，他也不得不考虑反对派的建议，另外他知道国外的制度再好也不一定适合中国，不一定适合华为。要想实现完美的融合，就需要适当做出修改，要按照自身的特点进行调整，使其真正具备华为特色，而且优化改进符合华为人一贯坚持的批判与自我批判的精神。

如果说僵化处理带来的是理论上的价值，那么优化改进实际上体现出了这些管理制度的实际价值，经过优化处理后管理制度能够产生实际效用。优化过程实际上就是"取其精华，去其糟粕"的过程，同时也是自我改进的过程。公司用批判的眼光看待外国的管理制度，用批判的眼光看待自己原有的制度，并将两者之中最合理的部分结合起来。为了确保优化的效果，任正非建议华为人在进行优化时一定要连续问五个"为什么"，连续问自己五次"还能吗"，以此达到反思和改进的效果。

对任正非而言，优化就是改进，优化就是创新，而持续的管理进步需要持续的优化。任何事物只有在一个平稳的状态下才能前进，频繁的改进和变动会影响事物的发展，因此在优化之后，最重要的就是固化处理，让优化后的制度保持在一个相对稳定的状态，这样才能更好地实施，也才能发挥出管理制度的功效。

固化就是一个例行化和规范化的过程。华为将例外事项变成例行事项，将一些没有规定和管理的东西变成规定和惯例，然后在流程当中施展开来。通过例行化，华为从原先的对人负责制渐渐转化为对事负责制。为了防止过度创新和变动，任正非将例行化的制度进一步加以规范，使其达到模板化和标准化的状态，这样一来，公司就可以更为合理地控制好流程。

在华为的“三步走”战略当中，僵化是一个学习和复制的过程，是拿来主义；优化是改进，是一种创新；固化的目的是将制度规范化，是为了提升。通过这三个步骤，华为很快就建立起自己的管理模式，这样的成功恰恰显示了华为人独特的发展理念和管理方式。他们从来不会像其他企业一样盲目引入管理体制，要么全盘接受，要么全盘否定。对华为人而言，创新应该是一种改进和融合，而不是颠覆；创新需要有计划、有步骤地推进，而不是一种盲目无序的改革。只有按照正确的方式、正确的步骤，创新才具备现实价值，才能在实际的工作中产生巨大作用。

3. 小改进而不是大变革

我是主张改良的，一点点地改，不主张大刀阔斧地改革。华为必须坚持改良主义，通过不断改良实现从量变到质变的过程。华为在高速发展的过程中，轰轰烈烈的巨变可能会撕裂公司，所以要在撕裂和不撕裂中把握好“度”。我们处理发展速度的原则应该是有规律、有预测地在合理的增长比例下发展，但我们也必须意识到这样做带来的不稳定。我们必须在此基础上不断地提高我们的管理能力，不断地调整管理能力所能适应的修补程度，以使我们适应未来的长期发展。

——任正非

有个新员工在进入华为上班后，很快就给任正非写了一份万言书。他在万言书里指出了公司里存在的问题，然后大谈改革，并且提出了很多改革措施，尤其是给出了很多经营策略的建议。任正非看完以后直接做出了如下批示：“此人如果有精神病，建议送医院治疗；如果没病，建议辞退。”

之后不久，又有新员工写了一封《千里奔华为》的万言书，并在书中写出了华为的一些弊端和改进措施。据说华为当时的董事长孙亚芳看到这份报告后非常感动，给予了这样的评价："这份报告从不同的侧面反映了公司存在的问题，也反映了新员工从他们所处的角度对公司的了解，并提出善意的批评和建议。这是从新员工身上表现出来的主人翁意识，难能可贵。"

同样是万言书，为什么第一个员工遭到了批评，而第二个员工得到了赞赏？关键的原因就在于万言书的内容。尽管两个员工都找出了华为面临和存在的一些问题，但是第一个主张进行改革，另一个主张在原有基础上适当进行改进。一个对公司情况并没有深入了解的新员工夸夸其谈地大谈改革，这显然让任正非觉得不放心、不踏实。任正非向来都不喜欢大刀阔斧地进行改革，在他看来，改良主义才是企业变革的一个基础性原则，所以他一直都在倡导"小改进，大奖励"的原则，希望更多的人为华为的发展提供一些改进的小建议，而不是长篇大论式的改革理论。

任正非在《让一线直接呼唤炮火》中曾经重点提到一个观点："中国历史上失败的变革都是因为操之过急，展开面过大，过于僵化而失败。"任正非认为，华为如果大刀阔斧地改革，那将会让华为的内部置于动荡之中，不利于华为员工安心工作，也不利于华为长远的发展。既然一口吃不成个胖子，那么就不要搞激进主义。他建议华为的变革要保持"走碎步"的状态，而不是采取"大步跑"的策略。在内部谈话中，他反复提醒员工不要忘记了这一点——"我们在变革中要抓住主要矛盾和矛盾的主要方面，要把握好方向，谋定而后动。要急用先行，不求完美，深入细致地做工作，切忌贪大功为己有的盲动。华为的管理只要实用，不要优中选优。天将降大任于斯人也，要头脑清醒、方向正确，踏踏实实、专心致志，努力实践，与大洪流融到一起，必将在这个变革中获得一定的进步与收获。”

在他看来，企业需要慢慢改革、慢慢推进，在创新方面也是如此。真正的创新应该是小范围内的改良主义，是小范围内的调整和提升。很多企业常常把创新看得非常神圣，总认为创新就是一种颠覆，能够带来翻天覆地的变革效应。也正是因为如此，很多企业变得好高骛远，不注重实际情况，不懂得迎合市场需求，在缺乏实践论证的基础上盲目创新，千方百计投入巨大的人力、物力和财力进行创新研发，结果耽误了企业其他方面的投入。等到这些新的技术和新的产品面世后，又发现自己的研发成果根本不能产生轰动效应，反而因为不符合现实需求而遭受市场的冷落。

事实上，有很多科技公司就是被大创新、大变革给拖垮的，远的有美国铱星公司、IBM公司，近年来也有一大批科技公司毁于创新。任正非对此深有感触，对于创新的态度始终处于一种欢迎而不狂热的状态。他喜欢新技术，也喜欢一些新的有影响力的体系，但他更希望循序渐进，希望这些创新能够满足现实的需求。

任正非说：“我一贯主张‘鲜花要插在牛粪上’。我从来不主张凭空创造出一个东西、好高骛远地去规划一个未来看不见的情景，我认为要踩在现有的基础上前进。世界总有人去创造物理性的转变，创造以后我们再去确定路线。我们坚持在牛粪上长出鲜花来，那就是一步一步地延伸。”他多次和员工进行谈话，建议他们放下那种“创新就是颠覆”“变革就是全盘改革”的狭隘思维，不断告诫员工：“十次小改进就是小创新，一百次小改进就是大创新。”小碎步式的改进和创新更符合事物发展的规律，更加符合华为发展的实情。

比如，华为的管理制度并不是一天之内就引进和打造的，管理制度从无到有、从有到优经过了漫长的进化，每一次进化都是一次小改进。任正非非常善于把握尺度，绝不会盲目地、大刀阔斧地进行大变革，而是有步骤、有规律地一点点推进。过去有很多人抨击任正非的变革是假变革，是换汤不换药的假创新，等到后来大家才发现，华为已经一步步实现了转型。尽管这个创新的过程有些长，但是更加安全、更加稳定，效果也更好。反观其他企业，从20世纪90年代开始，它们就和华为一样一直在想办法打造新的管理体系，每一次引入之后就迫不及待地尝试全盘接收，而且每一次创新之后就立即实施开来，结果到最后发现这些体系根本不适合自己，最终只能改了又改、换了又换。

任正非是一个坚定不移的改良主义者，他对于创新有着更为稳健的认知。这么多年来，他一直保持开放的态度，希望华为的创新能力能够更上一层楼，与此同时，他又保持了必要的沉稳，绝不盲目创新，不把创新当成一个短期内实现自我完善的工具。因此，华为在创新时一直有所保留，这种循序渐进的方式使得它能够在快速发展的同时保持高度的协调性和稳定性。

4. 真正的创新必须与实践相结合

不要盲目创新，发散了公司的投资与力量。非主航道的业务，还是要认真向成功的公司学习，坚持稳定可靠运行，保持合理有效、尽可能简单的管理体系。要防止盲目创新，四面八方都喊响创新，就是我们的葬歌。

——任正非

过去十几年，创新一直都是华为身上最大的标签之一。华为从20世纪八九十年代一家倒买倒卖设备的小厂商成长为如今全球通信行业的龙头老大，靠的并不是运气，不是资本运作，而是创新、持续不断的创新。它确保了华为越走越快，最终走到了竞争对手的前面。

如果将世界上那些跨国公司进行横向对比，那么完全可以说华为投入了世界上最大的资源和力量去创新，但华为的创新不是资本和劳动力的盲目堆砌。相反，任正非多年来一直反对因为创新而创新，在他看来，好的创新应该是有实际应用价值的，应该和具体的实践工作完美结合起来，一切脱离实践的创新都不能产生真正的经济效益和社会效益。

华为过去存在盲目创新的情况，工程师每隔一段时间就会生产出新的产品，就会掌握一项新的技术。这些发明创造一直都是依靠天才人物进行的智慧性创造，他们采取的是摸着石头过河的方法，具有很大的盲目性和随意性。创新的泛滥给企业发展带来了严重的后果，企业的大量人力资源和资本被消耗在了一些无实际意义的项目上，一些新产品和新技术根本没有实际使用价值。

与此同时，国际商业环境发生了一些令人惊讶的变化。尤其是进入21世纪后的前几年，国际上一些依靠技术创新一直处于行业领先地位的企业，在短短几年时间内迅速走向了衰败，当它们试图带着技术优势征服21世纪的商场时，不可避免地成了时代发展的牺牲品。像任正非此前一直都在学习的蓝色巨人IBM公司以及著名的贝尔实验室，它们都丧失了活力和竞争力，这两家企业的没落实际上代表了20世纪出现的技术创新时代的一次大退潮。很显然，盲目的技术创新拖垮了这些巨人企业。

鉴于自己和其他企业所走的弯路，任正非开始重视创新，最终提出了“以客户需求为本”的新型创新哲学。简单来说，就是要弄清楚创新出来的产品和技术具不具备实用性，能不能产生实际的经济效益，可不可以及时迎合市场、融入市场，受不受客户的欢迎。在他看来，创新的基础理念不是看技术是否先进和超前，而是要看技术的实用价值，看它能不能抓住客户的心理，能不能运用到具体的实践中，真正的创新必须经得起实践的考验。这是创新的标准，也是制约盲目创新的重要保障。

任正非曾经对研发者说：“你们要做工程师商人。”目的就是让工程师和研发人员成为公司的技术商人，即做到生产技术的商业化、创新的商业化。为了实现这个目标，华为内部随后就建立起端到端的流程：企业从了解市场开始，到产品的研发，再到生命周期管理，流程中的每一步都由客户的输入来牵引，企业运作的每一步都直接面对客户。也就是说，企业的每一个新产品、每一项新技术都先要进入市场检验，并从客户那儿得到反馈，这样就可以确保创新能迎合市场的需求，能产生实实在在的市场效益。

其实，华为内部的很多员工都拥有不错的创新能力和创新意识，常常能生产出各种有特色的东西。可是一旦这些新理念、新技术、新方法不能运用到实践活动中，不能在生产和发展中起到作用，不能迎合现实生产和发展的需求，那么实际上就没有任何价值。华为的这种业务管理模型，其核心就在于它能够帮助企业找到一个最佳平衡点，既可以保持技术的领先和创新的动力，同时也能确保技术创新在商业运作上的成功。“以客户需求为导向”的技术创新使得整个研发系统能建立在理性决策的基础上，能建立在市场需求（显性的客户需求与隐性的客户需求）之上，这样一来，极大地减少了创新中的浪费，使企业的资源能更加集中有效地被运用起来。

任正非对创新的重新理解和定义实际上代表了时代的转变，从商业角度看，这种转变也很好理解，毕竟对企业而言追求利润原本就是一个最基本的目标。如果创新不能创造财富，不能推动发展，不能应用到最基本的生产中，那么创新就只是一个空洞的摆设。

正因为如此，企业发展不仅要注重创新，更应该注重将创新和实践结合起来，让创新服务于实践活动之中。这样，华为才能在创新领域始终保持国内领先，保持强大的国际竞争力，保持良好的经济效益。创新与实践的相结合，成了推动华为不断发展和扩张的强大助力。

5. 华为的创新蜂巢模式

和妈亲的孩子是没出息的孩子，在家里面天天和妈在一起的孩子长不大，所以你们和顾问的结合也不是要天天和顾问在一起，把顾问当作保姆。

我认为整个项目的运作要靠自己领悟，这是最重要的，领悟不了的地方再找顾问沟通，请顾问做一些指导。我从小就和父母关系不好，为什么不好呢？就是不听他们的，不是我不孝敬，我有自己的主见，最后我自己走出路来了。

——任正非

最近两年，华为手机的出货量不断增加，在国内市场和国际市场都获得了不错的销售成绩。2015年，华为手机全球出货量超过了一亿部。从全球市场来看，华为手机在主要市场上均实现了增长，尤其在北非、拉美地区、中东以及中亚市场，增长势头非常猛，这也让华为看到了光明的发展前景。华为的统计部门曾经在全球范围内做过调查，发现2015年华为总体品牌认知度上升到76%，同比跃升了33%，这样的成就在当今手机市场销量普遍下降的情况下实属难能可贵。

这份调查报告也指出了华为手机的硬伤，那就是全球仍然有很多人不认识华为手机，有很多人不愿意购买华为手机。据说全球仍然有42%的消费者对华为品牌没有足够的认知，根本没有将华为手机作为考虑购买的对象。

有一个现象引起了华为的关注。尽管华为的手机销量突破1亿部，可是海外市场的手机业务并不算太突出，因为有近七成出货量来自中国市场。在中国市场上，华为手机无论从市场份额、品牌知名度还是净推荐值上，其表现都超过苹果手机，位列第一。这个情况并没有让华为太高兴，反而引起高层的注意，因为中国市场的大热实际上凸显了华为在海外市场的乏力。华为手机在海外市场有增长的势头，可是发展并不那么好。

华为的高层并不希望公司的发展呈现出"往窝里倒"的姿势，毕竟一个强大的跨国公司必须将海外市场做得足够强大才行。如果海外市场的发展不景气，那么华为最终还是会被逼退回到国内市场，这对华为未来的国际化扩张道路会产生很大阻碍。华为需要想办法尽量缩小海外市场与国内市场的差距，在发展中形成一个平衡状态，这样才能确保企业的扩张之路更加顺利。

在认真分析后，华为的高层认为，之所以会出现海外市场落后于国内市场，一方面是因为不同地区文化和环境的影响，另一个原因就是资源不均衡、投资力度不均衡。因为国内始终是华为的大本营，生产和制造华为手机的相关资源都集中在国内市场，相关的营销渠道也比较成熟，而且内部的领导工作也通常集中在国内市场，正是因为相对保守和落伍的运营思维导致了差距的产生。

为了缩小差距，华为首先要做的就是改变自己的运营模式，提升海外投资的力度，增加海外运营的投入，将创新资源适当转移到海外市场上去。为了解决这些问题，华为推出了一个全新的运营模式，即全球创新蜂巢，这个模式建立在集体智慧的基础上。实际上，凯文·凯利在《失控》这本书中就提到过蜂巢理论，但多年来根本没有任何一家公司能够将蜂巢理论应用到实践当中。

虽然华为没有直接从凯文·凯利的书中受到启发，但两者实际上有着异曲同工之妙。华为人认为，传统的组织模式分为创新大师模式（个人领导众多工程师完成创新）和集团模式（通过兼并和重组来提升组装能力）。随着科技的发展，企业要想获得发展不仅需要大师级的创新，同时还要兼具集团模式。不仅如此，员工的主观能动性也需要被激发出来。他们认为要想让高科技的创新产生更大的作用，不仅需要脑洞大开和出色的技术基础，还要把握以上这些因素。华为通过总结提出了自己的模式——全球创新蜂巢，按照华为人的理解，这一模式就是：一群蜜蜂在没有领袖发号施令的前提下能朝着同一个方向飞。

凯文·凯利在《失控》中谈到了蜂群的运作模式。他认为蜂群思维的神奇之处在于，没有一只蜜蜂是被蜂王控制的，整个蜂群中并不存在一个实际发号施令的核心人物或者说管理者，蜂群中实际上有一只看不见的手，一只能够在群体中精确控制每一个成员的行动的手。

在华为人看来，过去那种自上而下的决策流程已经不再能起到太大的作用了。如今的企业并不是一个依靠命令和制度来维持的组织，而是一群人为了做成某种事情聚在一起的群体。华为具备了打造这样一个模式的基础，华为原本就是一个员工100%持有的公司，财务上的分享机制加上华为内部的危机意识和自发生长的内在逻辑性，确保了一大群工程师在一个硕大的平台上共同创造。工程师有共同的目标，员工也有共同的方向，大家能自发地为一个目标而奋斗。华为的组织架构就是去中心化的管理模式，企业领袖的地位和角色都被弱化了，整个公司利用数字化链接，以此来会聚全球员工的智慧，因此它比一般的企业模式更开放、更自由，也更高效。

华为希望通过建立全球创新蜂巢让海外市场拥有更多的自主权，让海外市场的相关部门拥有更大的决策权，大家不用等着总部发号施令，不用再等着总部做出最合理的安排。换句话说，海外市场的相关部门完全可以自主调动资源投入研发和管理工作当中，可以自发地同国内市场保持同一个方向、同一个节奏去运营。

在过去的几年时间里，华为终端已经为这个模式的打造创造了很多条件。比如，它在全球各个市场都建立起了设计中心和研发中心，如旧金山的UI设计中心、伦敦西区附近的设计中心、巴黎设立的美学研究中心、莫斯科的算法中心、日本的通信研发中心、印度的软件中心和在欧洲设立的5G研发中心等。

这些研发中心有效确保了海外市场的创新力度与创新进度，从而与国内市场的研发水准、创新能力保持基本的平衡，确保国内外市场的运作方向一致。这种模式一直是华为追求的，华为的成功也正是依靠聚众力量的新商业模式对主流基于个人权威模式的胜利。全球创新蜂巢模式被一致认定是华为终端缩短海外市场与中国市场差距的重要模式。华为高层多次表态要坚决贯彻这种模式，并相信在不久的将来，可以让海外市场的研发水平、管理水平、运营能力与国内市场保持在同一水平线上。

据了解，为了推进这样的商业模式，华为终端计划在今年加大全球品牌认知的投入。华为高层表示，“华为是一个注重共生的企业，我们自立但不独行。随着华为国际化战略的不断深入，我们更加重视嫁接全球顶级资源。无论是产品开发还是品牌建设，华为都会站在一个更高的角度去审视”。华为愿意改变过去的运营模式，创新性地增加一些新的营销元素，如在内部，重新定义终端品牌的视觉形象；在外部，加大跨界合作，融合科技与时尚，除了与哈曼卡顿展开音响合作、与施华洛世奇展开设计合作、与徕卡展开成像合作外，还签约足坛巨星——梅西担任品牌大使、牵手Vogue中国10周年庆典，并与国际知名的超级名模、摄影大师、设计大师等一系列全球顶级资源进行合作，以此来提升品牌的影响力，这些做法都有效地提升了华为的品牌知名度。

6. 创新应该聚焦在主航道上

> 现在有人在网络上描述华为的战略是针尖战略，我认为他说出了真理。我们收窄战略面，在针尖领域踩不着别人的脚。我们在主航道上是针尖战略。针尖战略就是冲到最前面，不与别人产生利益冲突。
>
> ——任正非

在一些组织机构内部，大家往往都会谈论创新。一提到创新，很多人认为创新就是全方位的创新，包括制度创新、思想创新、技术创新、组织结构创新等多个方面，而且在技术层面、思想层面、组织机构层面的创新应该是全面放开的创新。在他们看来，创新是为了打造一种新模式，是为了实现全方位的提升和改进。就现实情况来说，全面的创新并不现实，而且还会引起组织内部的动荡和组织的正常运作。

任正非多年来一直在推进华为的创新进度，也一直鼓励华为人进行创新。可是，他认为创新是有边界的，只能聚焦在主航道上或者略略宽一些，无边界的技术创新有可能会误导公司战略。他举例说："我们对

‘2012实验室’的约束是有边界的。只能聚焦在主航道上，或者略略宽一些。产品创新一定要围绕商业需要。对于产品的创新是有约束的，不准胡乱创新。贝尔实验室为什么最后垮了？电子显微镜是贝尔实验室发明的，但它的本职是做通信的，它为了满足科学家的个人愿望就发明了这个电子显微镜，发明后成果丢到外面划不来，就成立了电子显微镜的组织作为商业面的承载。所以，无边界的技术创新有可能误导公司战略。现在我们说做产品的创新不能无边界，‘2012实验室’放得宽一点，但也不能无边界。我们现在要成就的是华为的梦想，不是人类梦想。我们的创新应该是有边界的，不是无边界的。”

华为一直采取聚焦战略。任正非认为在某一阶段内，公司的发展应当集中在某个或少数几个焦点上，将关注度放在一些战略的机会点上，而不要在一些非战略的机会点上多做计较。创新也是如此，不能做一些无意义，或者作用不那么大的创新。

华为过去一直以美国企业为学习对象，渴望超越美国的企业，可是在追赶美国企业的道路上，任正非始终把握一个基本准则：现阶段内的华为还是一个能力有限的公司，只能在有限的宽度赶超美国公司。他建议，华为人在进行赶超时一定要及时收窄作用面，增加压强，这样才会有机会实现突破。

当时，华为的战略发展委员会对华为的现状非常满意，对未来几年的盈利能力很有信心，总想在战略上多投入一点，想着去超越美国公司。任正非并不反对这样的雄心壮志和计划，但他希望公司认清一点：华为只能在针尖大的领域里领先美国公司，一旦范围扩大到火柴头或小木棒那么大，所谓的超越就成为一种奢望。

一直以来，任正非只允许员工在主航道上发挥主观能动性与创造性，不盲目创新，不大范围、全面搞创新。全面创新只会发散公司的投资与力量，从而导致公司竞争力的全面下降。任正非建议员工将重点放在主航道业务的创新上，认为“公司像长江水一样聚焦在主航道上，发出巨大的电来。无论产品大小都要与主航道相关，新生幼苗也要聚焦在主航道上。不要偏离了主航道，否则公司就会分为两个管理平台”。按照任正非的理解，主航道业务才能产生真正的价值，将创新聚焦在主航道上才能产生华为真正需要的价值。至于那些非主航道的业务，最好认真向成功的公司学习，坚持稳定可靠地运行，保持合理有效、尽可能简单的管理体系。

如2000年华为最初进军印尼市场的时候，印尼市场只认可美欧日的企业和产品，对华为的认知度并不高。此外，“中国制造”在印尼市场上常常与低端、廉价、质量差、售后服务不完善等联系在一起，这使得华为成了印尼人心中的不靠谱企业。为了改变印尼消费者对中国产品先入为主的刻板印象，华为决定依靠更为先进的技术和更高的品质来打造“华为制造”的良好信誉。

为此，华为需要在技术上进行创新。华为明白自己在印尼市场属于后进者，缺乏先天优势，要想在所有领域内超越欧美日等国家的企业不太现实，最好是采取针尖战略，在一些主航道业务上进行创新，对一些主要的产品技术进行创新。华为当时在印尼的主航道业务就是信息与通信技术领域，该项目的负责人一再表示：“华为在经营印尼市场上不摊大饼，不做‘大而全’。我们先学习做减法，集中自己的优势来做ICT（信息与通信技术业务），不涉足其他行业和领域。”华为坚定不移地在ICT领域持续投入研发，没有在其他业务上多做创新。

2013年，华为在印尼的ICT市场规模约115亿美元，年增长率接近10%，这样的进步幅度在东南亚各国中遥遥领先。随着印尼经济持续稳定地增长，印尼政府和运营商下定决心加大对ICT领域的投入，这对华为来说是个巨大的发展机遇，不过华为仍旧没有改变自己的初衷，并没有盲目扩大自己的创新领域。

正是任正非一直以来严格约束公司的创新方向以及创新模式，将创新精神和相关的资源用在战略价值点上，才使得华为有足够的精力实现突破，从而建立起属于自己的优势体系，而这正是华为一步步打开国际市场缺口的重要原因。

7. 打造创新的驱动机制

我去过很多次美国，美国人民的创新机制与创新精神留给我很深的印象。他们连玩也大胆去创新，一代又一代人的熏陶、传递，一批又一批的移民又带来了不同文化的冲击、平衡与优化，构成了美国的创新文化。

——任正非

众所周知，华为的创新能力、创新力度在国内企业中首屈一指，在国际上也排名前列。很多人认为华为是一家创新型公司，在创新方面积累了很多经验，对其他公司有很好的借鉴和指导意义。

华为的创新并不是一天之内就开始的，也不是华为人头脑发热一时的举动。它之所以能够形成一个相对完整的创新体系，之所以可以产生如此多的创新成果，原因在于华为多年来一直都在积极打造各种创新驱动机制，依靠这些机制来推动内部的创新，并最终获得了巨大成功。

首先，是学习和模仿。自从华为创业以来，任正非就意识到了自身创新能力的不足，主张向国外那些先进企业学习，并成功引进和借鉴了技术战略管理、研发管理、流程管理。华为并没有一味地效仿和复制这些管理模式，而是在模仿中逐步改进和创新，这些模仿行为为华为的创新提供了最坚实的基础。

在华为早期的发展时期，模仿性质的追随型创新是最常见的一种创新模式。通过学习和模仿，华为对于新的技术、新的管理模式、新的企业文化有了更多的接触以及更深的理解。这些外来的东西会和华为内部的工作环境、现实情况发生联系，并最终促使华为创新活动的发生。

其次，是利益激励。华为是一个注重物质奖励的企业，它的高工资和高福利在业内非常有名，因为懂得用物质激励的方式激发员工工作的积极性，华为在利益激励和分配制度方面有了很多创新的成果，最明显的就是“工者有其股”的股权分配制度。通过这个制度，任正非将整个华为紧紧捆绑在一起，大家形成利益共生体。有人曾经将这个股权分配机制评为最具开放性、最具创造力的创新之举，从实际效果看，它的确称得上是神来之笔，也实现了任正非做出的“让所有奋斗者享受到企业发展红利”的承诺。

除此之外，华为还非常巧妙地将应用型的研发机构均定位为利润中心，并以此来直接感受市场压力，同时又分享市场成果。如任正非曾提出“获取分享制”，即华为每年的利润分配在股东分配之前，先作为奖金，以绩效为依据发放。任正非解释说，企业要做到“以奋斗者为本”，就要处理好内部的利益分配，尤其是处理好按绩效分配和按股权分配的关系，企业必须做到确保利益向创造业绩的一线“奋斗者”倾斜。研发人员是一线奋斗者中最重要的主体，这也就不难理解为什么华为会进行类似的分配制度创新。

第三，是内部辩驳。很多企业都希望能够有一些颠覆性的创新，希望自己的想法与众不同。可颠覆并不一定就是好的，一些错误的颠覆或者无意义的颠覆创新只会给企业发展带来伤害。这是华为需要竭力避免的错误，任正非更是一再强调这一点。为了有效遏制无价值的创新并打造出合理的创新模式，任正非要求华为内部的一些研发机构及相关的事业群体必须设置“红军”“蓝军”机制，就像军队里的模拟对抗一样。

在任正非看来，红军是按照流程正常工作的部队，蓝军则扮演诘难和反驳的角色，目的是挑出红军的毛病和错误。通过这种对抗，华为能有效确保创新的合理性。毕竟任何一种研发和创新都需要经过反复辩驳和论证，才能把握一个合理的方向，才能拥有更为明晰的发展图景，才能确保产生合理的价值。蓝军和红军的对抗有效地约束了华为的创新行动，使得创新不再成为一个盲目的活动。

第四，是组织弹性。创新的主题是人才，人才是推动创新的生力军，如果没有人才，那么企业创新就无从谈起。如何激活人才的创新能力成了关键，这些并不是简单地给予更多的工资加奖金或股权就能达成效果的，企业必须有效激发出员工的活力。在这方面，华为采取了岗位轮换制，这个制度的最大作用就是能大范围、大跨度地进行调岗和轮换。

在华为内部，很多研发部门的人会被安排到市场部做营销，而一些营销人员则会进入研发部门展开研发工作。很多人可能会认为这样的做法会破坏效率，会让企业的运作陷入瘫痪。对于任正非而言，人才的适当调动能激活不同部门、不同岗位人员的活力。因为不同的职能组织之间可以进行换位思考、相互协同，从而真正践行“以客户为中心”原则。当研发人员进入市场部从事营销工作后，更容易了解市场需要什么样的产品，能够了解消费者的真实需求，从而指导自己的研发工作，研发工作和产品创新也因此变得更具针对性。

第五，是资源保障。企业创新需要大量的资金、足够的资源，毕竟很多技术开发需要持续地、高强度地投入，对于很多企业来说这是一个非常大的负担，也是多数企业难以在创新中坚持下去的重要原因。华为的创新力度很大，每年投入的资金和资源也很多，那么华为是如何来支付这笔费用，又是依靠什么来支撑内部20多年来持续不断的高投入呢？

华为是一个注重现金流的公司，它积累了一大笔资金以备不时之需。随着华为的发展和扩张盈利能力不断增强，公司拥有足够的资金进行研发投入。此外，员工入股和外部借款也是筹集研发资金、制成创新活动的重要方式。不仅如此，华为还经常出售自己名下的企业，如为了筹集资金，华为先后出售了“华为电气”“H3C”等合资企业，这些都有效确保了华为能够支撑得起数额惊人的资源投入。

21世纪初期，由于全球IT市场遭遇寒冬，华为也曾一度陷入低潮。就在这个时候，华为及时将华为电气业务以7.5亿美元出售给爱默生，这一举动为华为筹集了足够的运作资金，在帮助华为顺利度过行业低潮期的同时也继续支撑起华为的研发创新活动，为企业的战略转型（走国际化道路）提供了很大帮助。

如果对华为的发展进行剖析就会发现，在20多年的发展历史上，华为大都依靠以上五种机制来驱动企业内部的创新活动。这些驱动机制不仅提升了华为的创新水平，同时也形成了别具一格的创新文化。

第七章 Chapter 7

商业的核心在于耐力

要想评估一个企业是否有潜力，是否拥有更加光明的未来，并不在于企业的发展势头，不在于企业的盈利空间，也不在于企业的规模。好的企业，比拼的是耐力。谁能坚持得更久，谁能在困难中坚持得更久，谁就更具发展的优势。伟大的公司从来都不是昙花一现的，而是能够在时代的变迁和市场的沉沉浮浮中始终存活下去。因此对于任何企业来说，最大的商业秘密都在于耐力。

The nature of the business

1. 烧不死的鸟就是凤凰

我个人希望树立一批真实烧不死的鸟做凤凰。有极少数人是真正“在烈火中燃烧”，如果说他们能站起来，那他们对我们华为人的影响是无穷的。

——任正非

毛生江曾经是市场部的代总裁，在市场部集体大辞职之前，他是市场部仅次于孙亚芳的二号人物，可以说是华为内部的实权派。在1996年的市场部集体大辞职中，毛生江辞掉了代总裁的位置，并且在再竞业中降职为终端事业部总经理，薪酬也大幅缩减。

作为市场部曾经的风云人物，毛生江当年是任正非非常看重的人，公司也有意培养他，可以说前途一片光明。当他的职位降低之后一切都变了，他自己觉得很郁闷，在进入新的工作岗位和工作环境后，一直都提不起兴致，工作的积极性很低。他很快意识到这也许是上天给自己的一次考验的机会，因为辞职对市场部的任何人来说都是公平的，并不存在任何猫腻，只能说是自己能力不行，不足以胜任原来的位置，因此没必要一直耿耿于怀。

有一次和朋友聊天，他说出了心里话："说不在乎是不真实的。我想，不会有人心甘情愿去为自己制造磨难……我在乎的是华为的兴旺和发展；在乎的是一代华为人付出的青春、热血和汗水；在乎的是我能够继续为华为做些什么；在乎的是战友们的期望和嘱托。面子、位置，这些虚的东西我真不在乎。"

任正非当时曾经在内部发表讲话："我们要求降职的干部调整好心态，正确地反思，在新的工作岗位上振作起来，不要自怨自艾，也不要牢骚满腹。在什么地方跌倒就在什么地方爬起来。特别是那些受委屈降职的干部，要无怨无悔地继续努力，以实际行动来证明自己。这些人是公司宝贵的财富，是将来继大业的可贵人才。组织也会犯错误，一时对一个人评价不公是存在的。"

经过一段时间的调整，毛生江开始调整自己的心态，并且很快投入新的工作中。当时工作环境并不理想，问题很多，市场压力非常大，但他还是顶住了巨大的工作压力，沉下心来先对办事处进行了改革，然后积极开拓市场。由于工作非常努力，加上工作能力非常突出，短短一年时间就让山东办事处取得了丰硕的回报，当年的市场销售额同比增长了50%，回款率更是接近90%。这样出色的工作能力让公司高层非常高兴，大家都觉得毛生江在山东办事处得到了锻炼，个人能力也得到了提升。

2000年年初，毛生江接到了公司新的任命，荣归总部并成为公司的执行副总裁。这种戏剧性的变化和经历，不仅对毛生江来说意义重大，对整个华为来说也具有很大意义。因为在当时，有些干部在辞职活动中被降职处理后心态立即失衡，于是离开了华为。而毛生江能够在困境中坚持下去并浴火重生，这恰恰是华为最需要的品质。任正非给了毛生江很高的评价："毛生江从山东回来，不是给我们带来一只烧鸡，也不是给我们带来一只凤凰，因为虽说烧不死的鸟是凤凰，但凤凰也只是一个个体，凤凰是生物，生物是有时限的。我认为，他给我们带来的是一种精神，这种精神是可以永存的。"

任正非并没有过度评价那些离开公司的人，而是对像毛生江这种在大起大落中保持坚定意志和忍耐力的人给予了高度赞扬。他觉得他们就是烧不死的鸟，就是浴火重生的凤凰。只有那些不怕挫折的人、在困难面前永不退缩的人，才是真正值得托付也最有可能开创事业的人。

华为正是凭借这种能上能下的文化基因和管理制度，保证了人力资源的流动性和员工队伍的活力，保证了整个队伍的竞争意识。而"烧不死的鸟是凤凰"这个口号开始成为华为人的精神指引，并成了华为的一个重要标语，多年来一直激励着员工，后来成了华为人对待委屈和挫折的态度和挑选干部时的准则。谁都明白，如果没有一定的承受能力，今后就无法在企业中承担重担，无法赢得高层的信任。

其实，每个人都会遭遇困境，都会遇到失败和挫折。有的人在挫折中一蹶不振，失去奋斗的勇气；有的人在挫折中始终保持强大的斗志，始终都能坚定地向目标前进。这一切完全取决于每个人的心态。就挫折的本质而言，痛苦和挫折带来的反向激励有时候比正面的激励更有效，一些失败和挫折往往会成为个人崛起的强大动力。任何一个人要想获得成功，必先经受住挫折和失败的锤炼，必先承受住各种苦难和折磨。只有这样，才能不断提升自己的抗压能力，才能找出自己的弱点不断改进和提高，也才能赢得更多的尊重和认可。

在华为人看来，任何失败和挫折都不过是一次契机，是一次自我救赎的契机，是一次自我改进、自我完善、自我提升的契机。失败和挫折往往能够发现很多问题，也能激发个人的斗志。这对于个人的发展，对于企业长远的发展都很有帮助。这是个人发展的必经之路，是个人在华为中承担责任、发挥功效的前提。只有越来越多的华为人经受住工作中的挫折和考验，越来越多的人能够在困难中坚持走下去，整个企业才能爆发出强大的动力和竞争力，才能始终保持强大的生命力。

2. 板凳要坐十年冷

> 高科技领域最大的问题是大家要沉得下心，没有理论基础的创新是不可能做成大产业的。“板凳要坐十年冷”，理论基础的板凳可能要坐更长时间。我们搞科研，人比设备重要。用简易的设备能做出复杂的科研成果来，而简易的人即使使用先进的设备也做不出什么来。
>
> ——任正非

任正非过去在研发和生产系统间插入一个非常独特的部门：中试部。因为当时任正非发现，由于缺乏必要的监管和检测，研发的很多产品一旦进入生产系统往往就会出现很多问题，而两个部门相互推诿，研发部门认为自己的研发没问题，一定是生产过程中出现了问题。生产部门则认为自己是按照研发部门提供的设计方案和要求来生产的，最有可能出现问题的原因在于研发本身有瑕疵。

为了确保研发成果能够顺利转化成合格的产品，任正非专门设置了中试系统，负责测试产品研发的成熟度。通过中试部的检查，华为能顺利地发现产品存在的问题，并将这些问题在研发阶段就予以解决。

这个部门的出现有些尴尬，虽然介于研发部门和生产部门之间，但是内部员工的工资待遇非常低，而且干的基本上都是一些脏活累活，且升职非常困难，因此很多员工和负责人都抱怨连连。但任正非认为，任何人都应该经受住岗位的压力，要能忍受各种磨难和困难，这样才能为自己日后的发展奠定基础。事实也印证了任正非的话，华为内部有好几任副总裁都负责过中试部，这些人都是坐在冷板凳上一天天坚持才获得了最终的成功。

中试系统只是华为“冷板凳文化”的一个缩影。华为的工作比多数人所想的都要难很多，员工为了解决困难必须拿出足够的努力和毅力，必须做好长期忍受艰苦工作的心理准备。没有人能够一步就走向高层，没有人随随便便就可以获得很高的待遇，也没有任何工作是简简单单就能够完成的。

在华为，有很多员工跟着任正非干了二十几年，一直没有升职，但他们没有因此跳槽，没有因此自暴自弃，反而一直想办法和新员工竞争，想办法在自己的工作岗位上做出更加出色的成绩。他们明白，每个人在成功之前都要承受必要的磨炼，而这种磨炼很可能会持续很长时间，关键在于自己要能够坚持下去。只有坚持到最后的人才有可能获得最终的成功，才有可能得到公司的提拔。很多高层干部就是因为比别人耐得住性子，比别人更善于坚持，比任何人在冷板凳上坐得更久，最终成了公司器重的对象。现如今，华为的内部竞争非常激烈，“点滴的奋斗与持之以恒的努力”成了华为人的工作口号，坚持坐冷板凳也成了华为人的共识。

坐冷板凳的确不容易，尤其是长期坐冷板凳更不容易。多年来，任正非从来没有想过成功有捷径，他时刻提醒华为人一定要从点滴做起，从最基本的工作做起，脚踏实地地面对自己的工作，不要总是想着短时间内就能获得成功，不仅如此，还要做好承受失败的心理准备。

对于公司的整体发展来说也同样如此。企业在发展过程中总会遇到困难，总会经受一些挫折和打击，总有一些难以解决的问题一直困扰着企业的发展。相关部门不能因为困难不容易解决、不能因为挫折很大，就自动放弃。任正非觉得，一个好的企业应该具有踏实的精神，应该能够沉得住气。既然一个新技术无法获得突破，那就继续攻关；既然有一个新产品不能让人感到满意，那就继续想办法改进；既然有一个困难挡在前面，那就千方百计去克服。

1993年初，在深圳蛇口的一座小礼堂里，华为召开了1992年年终总结大会。在这次大会上，向来以坚强不屈的形象示人的任正非突然用饱含沧桑的声音说了一句“我们活下来了”，然后当着会场上的270人不停地流眼泪。在当时的条件下，对任正非，对于华为的所有人，一切都来得太不容易了，是因为大家能够坚守下去，才最终战胜了困难。

华为本身就是从困难中坚持走过来的，如果没有坐冷板凳的精神，没有持之以恒地坐冷板凳的精神，华为不可能获得成功。正是因为在技术创新方面坐了长时间的冷板凳，华为终于熬出了头，掌握了很多先进的技术；正是因为在管理体制改革上坐了多年冷板凳，华为才渐渐摸索出了一个最适合华为发展模式的管理体系；也正是因为在市场上坐了多年冷板凳，华为最终冲出中国市场，并成功成为世界通信设备制造商的领头羊。

在华为经历困难的这段时间，很多同行已经放弃了对通信行业的追求。由于缺乏坐冷板凳的精神，他们当中的绝大多数人已经放弃了对实体经济的追求开始转型，将目标放在诱惑更大的金融市场、房地产以及股市中。这些企业最终都没能坚持走到最后，这些曾经的同行企业已经彻底消失在资本市场中。

任正非说："在冷板凳上坐的都是一代英豪。"无论哪个岗位都是一样，只有坐得住的人才能坐得稳，只有守得住的人才能守出精彩。华为依靠更强大的耐力赢得了最后的胜利，也依靠坐冷板凳的精神征服了世界。

3. 时刻做好艰苦奋斗的准备

在华为2013年干部工作会议上，创始人任正非称华为就是一只大乌龟，25年来爬呀爬，全然没看见路两旁的鲜花，忘了这20多年来经济一直在爬坡，许多人都成了富裕的阶层，而我们还在持续艰苦奋斗。爬呀爬……一抬头看见前面矗立着“龙飞船”，跑着“特斯拉”那种神一样的乌龟，我们还在笨拙地爬呀爬，能追过他们吗？

——任正非《天道酬勤》

任正非说过：“在华为，改变命运的途径只有两个：一是奋斗，二是贡献。”而贡献的前提也是奋斗，如果没有奋斗精神，那么就难以为公司做出贡献。可以说，奋斗是华为人的基本特质，是华为人工作意识中的一个重要组成部分。

这种奋斗精神恰恰起源于华为在发展初期所遭遇的困境。自从1987年任正非成立华为以来，公司的发展遭遇了很多坎坷。例如，因为缺乏技术，而国际巨头们又牢牢掌控了各种技术专利，华为只能被迫自主研发；由于缺乏资金，员工工资经常发不出，任正非甚至要借高利贷；由于缺乏太多的人才和帮手，几个人只能没日没夜地在一起探讨和摸索。在创业初期，加班加点成为常事，员工为了腾出更多的工作时间，主动将床垫带到办公室来，不用的时候卷起来放在桌下的柜子里，一旦工作困了累了就拿出来直接铺在地上，睡醒了起来接着干活。正因为长期坚持这种工作模式，很多人竟然一个多月都不曾回过宿舍。任正非也带头加班，并有一句戏言："为了公司，你看我这身体，什么糖尿病、高血压、颈椎病都有了。你们身体这么好，还不好好干？"

也正因为所有人都懂得同甘共苦，懂得全心全意地奋斗，付出的努力渐渐有了回报，华为的发展开始慢慢步入正轨。度过了最艰苦的创业阶段，并不意味着华为的生存环境就有所改善，也不意味着所有员工都可以松懈下来安然享受胜利果实。对任正非而言，华为那时的最终目标是要成为世界通信设备制造商的前三名。为了实现这个目标，公司还有很长一段路要走，因此他建议员工继续保持艰苦奋斗的作风，继续拿出那种不怕困难、积极投入的工作精神。

任正非曾经带着团队去朗讯公司考察，发现对方尽管是当时世界上排名前几位的通信设备公司，但是企业中的工作人员在工作时依然非常投入，甚至常常进入忘我的境界。他亲眼见到那些工作者就像疯子一样，走到哪儿写到哪儿，每天都在拼命奋斗，时时都沉浸在工作状态中。他当时就感叹，朗讯的成功并不仅仅在于它的技术和设备有多么先进，不在于它的资金有多么充足，而在于它的员工都是世界一流的奋斗者，他们对于工作的投入和所做的努力几乎让人惊讶。华为员工当初的努力奋斗是迫于形势，而朗讯在国际上声名显赫、实力出众，仍然保持这样的工作作风，的确令人钦佩。这使任正非更加坚信要继续在公司内部推进艰苦奋斗的作风建设，他明白只有继续保持这种状态，华为才能真正迎头赶上并超越那些伟大的竞争对手。

为了激励员工，他回国后不断强调一点："我们会不断地改善物质条件，但是艰苦奋斗的工作作风不能忘记，忘记过去就意味着背叛。我们永远强调在思想上艰苦奋斗。思想上艰苦奋斗与身体上艰苦奋斗的不同点在于：思想上艰苦奋斗是勤于动脑，身体上艰苦奋斗只是手脚勤快。我们要提拔重用那些认同我们的价值观又能产生效益的干部，要劝退那些不认同我们的价值观又不能创造效益的人，除非他们迅速转变。"

在他看来，艰苦奋斗是企业发展的文化底蕴，是促进企业发展的巨大动力。只有始终保持艰苦奋斗的作风，在艰苦奋斗的精神下继续坚持走下去，华为的发展才能得到保障。另外，一个好的团队应该具有艰苦奋斗的精神，应该是一个奋斗者的团队。只有拿出不怕苦、不怕累的劲头，表现出人人争先、人人奉献的精神，整个团队才能更好地协同作战，才会变得更有战斗力。

不久，任正非在EMT办公会议上发表了这样一番讲话："任何员工，无论你来自哪个国家，无论新老，只要坚持奋斗，绩效贡献大于成本，我们都将视为宝贵财富，不断激励你成长。"这句话有两层意思：一层意思是华为需要更多的奋斗者，需要更多持之以恒地为企业的发展而努力的人；另外一层意思则是华为会重视那些艰苦奋斗的工作者，并愿意提供一切力所能及的帮助来培养这些"好员工"。

在华为的官网上留着这样一段文字："我们没有任何稀缺的资源可以依赖，唯有艰苦奋斗才能赢得客户的尊重与信赖。奋斗体现在为客户创造价值的任何微小活动中，以及在劳动的准备过程中为充实提高自己而做的努力。我们坚持以奋斗者为本，使奋斗者得到合理的回报。"

不过，在任正非看来，真正的艰苦奋斗必须是自发的、主动的，而不是一种被迫接受的工作方式。公司可以相应地提高待遇，以物质激励和精神激励的方法来引导员工的行为，但一切都还要靠员工自己来决定，让他自己选择。任正非采取了更为人性化的措施，那就是让员工自己选择。对于那些希望能继续保持艰苦奋斗的员工，华为与他们签署《奋斗者协议》。在协议中，奋斗者必须声明自己要主动放弃带薪年休和法定假期，还要放弃加班费，自愿买断工龄等，以此来保证自身的工作成绩在考核中能够达标。当然，这类员工通常会获得更高的薪水和福利，同时还能获得相关的分红与股权分配。如果有员工觉得身体吃不消，或者想要更好地平衡工作和个人生活，他们也可以选择不和公司签订协议，这并不会影响他们在公司内部的绩效考核。

在《奋斗者协议》推出之后，外面有很多人批评这是一个“不平等条约”，而且认为这样的协议肯定没有多少人愿意签，毕竟华为的很多员工根本不缺钱，他们在辛苦劳动的同时更希望享受更好的生活。结果出乎意料，《奋斗者协议》大受欢迎，很多员工想也没多想就在第一时间主动和公司签署了这个协议。

很多了解华为人的人常常会看到一个有趣的现象：尽管拿着丰厚的报酬，但是华为的研发人员平时大多不会花钱，也没时间花钱，就连陪女朋友的时间也很少，而且每次逛街都穿得很随意，他们不懂得如何打扮自己。显然，在华为内部，多数员工已经受到了艰苦奋斗文化的影响，在岗位上长期坚持艰苦奋斗的作风已经成了每个华为人心底抹不去的烙印。正是因为长期保持这样的工作状态，才使得华为能够一步步走上国际的最高舞台。

4. 抵制诱惑，沉下心来做事业

没有他们（市场部员工）含辛茹苦地艰难奋战，没有他们的“一把炒面一把雪”；没有他们在云南的大山里、在西北的荒漠里、在大兴安岭的风雪里的艰苦奋斗；没有他们远离家人在祖国各地，在欧洲、非洲的艰苦奋斗；没有他们在灯红酒绿的大城市，面对花花世界却埋头钻研，“出淤泥而不染”，就不会有今天的华为。吃水不忘挖井人，我们永远不要忘记他们。

——任正非

在很多人看来，华为如今遭遇的最大困难不是工作的压力，不是工作的强度，而是工作的日益枯燥给员工带来的心理折磨。员工的待遇越来越好，外面世界的诱惑越来越大，这些都在一步步侵蚀员工的工作积极性。

有一次，一个记者问任正非“华为有没有弱点”，任正非斩钉截铁地回答说：“有。华为三年前差点垮了，因为大家怕苦了。我们往海外派人都派不出去。大家都想在北京买房、陪小孩，都想待在好地方。”

由于员工有了更高的工资，生活中的诱惑开始变得越来越大，一些员工可能不再像过去那样一门心思地投入工作中，而这是任正非非常担心的问题。

对于任何一家公司而言，这都是一条必经之路。在企业发展的最初阶段，由于生活相对比较艰苦、待遇不那么高，大家的积极性容易被激发出来。随着企业不断发展，生产效益越来越好、员工的待遇越来越高，大家就会产生一些惰性，会慢慢对工作失去兴趣。这几乎是一个世界性的难题。在很多欧美公司，即便待遇再高，员工的注意力也很容易出现转移，因为外在的诱惑很可能比工作的吸引力更大。

比如，在一些公司，很多收入不错的员工及一些公司的高管经常会投资做生意，有的人则投资股市。任正非常常教育员工不要轻易投资其他生意，更不能因为其他方面的投资而影响了自己的本职工作。任正非讲过一件事。当时，在华为的大楼下有一个股票交易所，交易所的生意非常火爆，每天都被人们里三层外三层地围着。可是华为的员工从来没有下去买过股票，尽管大家知道投资股票可能会在短时间内暴富，但对任正非和其他华为人而言，那些不是靠着踏踏实实的劳动获取的财富并不长久，一旦股市不景气，很多人就会亏得倾家荡产。

任正非希望所有的员工都能够保持专注，别轻易被外面的花花世界诱惑。他觉得，一个奋斗者最重要的并不是他的工作能力，而是他的工作态度，是他对于本职工作的投入程度。只有积极投入，并且不轻易被外界干扰，才能真正称得上是合格的奋斗者。

创业多年来，华为多次陷入困境，但任正非从未对自己当初的决定产生过怀疑。在这期间，中国曾经出现过疯狂投资股市的狂潮，曾经出现过地产热。一批又一批的企业从中受益，成了著名的房地产企业；一批又一批的人在股市中获得巨额财富，成了人人羡慕的富翁。可是任正非始终不为所动，也许创业这条路比起股票和房地产更艰难，也许挣的钱也更少，但是任正非认定了这条路后就没想过要改变，他认定了过去的这二十几年以及将来的日子都要坚定不移地走这条路。

当别人告诉他投资股市可以挣大钱时，他笑着说钱不是最重要的。当别人觉得投资金融可能大有可为时，任正非却认为金融产品的风险太大，收益根本不稳定。人们纷纷嘲笑任正非是一个不懂得变通的“傻子”，但他愿意做这样的“傻子”，而且也号召全体员工都要做“傻子”。任正非如果三心二意，受到外界的干扰，那么最终什么事情也做不好。尽管有很多企业家在金融、股市和房地产上获得了成功，但多数人则经历了惨痛的失败，毕竟一个缺乏恒心和定力的企业家是无法真正获得成功的。

比如近年来，“互联网经济”或者“互联网+”的概念炒得非常热，很多人觉得未来经济的发展模式必须向互联网靠拢，必须和互联网结合起来。很多企业放下了实体经济，将工作重心转移到互联网经济上去。任正非不否定互联网的功能，但他始终坚持认为好的企业需要发展实体经济，一个经济健康的国家也离不开实体经济。尤其是最近几年，国内的“互联网经济”非常火爆，随随便便的一些网络概念就被炒到几亿、几十亿，这里面夹杂着大量的泡沫。

反观一些实体工厂却迎来了发展的寒潮，利润低得可怜，国内很多企业不得不大举搬入越南、菲律宾、柬埔寨、缅甸等东南亚小国。而更多的企业干脆转型，跟风进入了互联网领域，结果不仅国内爆发了失业潮，而且由于过多的企业进入互联网在一定程度上堆高了泡沫，最终很多企业都在“互联网经济”的诱惑下折戟沉沙，成了泡沫下的牺牲品。

在任正非看来，很多诱惑就是一个美丽的陷阱，一旦进入就可能损失惨重，就像那些泡沫经济一样，一旦泡沫爆裂，那些被抬高的虚拟经济便一文不值。因此他一直都保持理性和冷静的态度，不轻易被这些高收益的投资项目诱惑，也提醒员工排空幻想和欲望，安安心心地把本职工作做好。也正是因为这样，华为的员工始终能保持出色的工作状态，华为的发展始终保持在正轨上，而且发展情况越来越好。

5. 把一件事坚持做好，才是最大的成功

工匠并不是代表一种机械重复的工作。它代表着一个时代的气质，坚定、踏实、精益求精……在资源日渐匮乏的后成长时代，重提"工匠精神"，重塑"工匠精神"，是生存、发展的必经之路。

——任正非

任正非曾经说过，一个企业最重要的战略就是存活下去，在中国，企业要想长久存活下去往往很难。据统计，中国中小企业的平均寿命仅有2.5年，中国集团企业的平均寿命也不过7~8年，而欧美企业的平均寿命为40年，日本企业的平均寿命更是达到了58年，所以欧美和日本等国会存在很多百年企业。

2015年底，东京商工研究机构进行了一次调查，发现日本超过150年历史的企业竟多达21666家，而在2016年又将有4850家企业满150岁，到2019年会有7568家企业满150岁。相比之下，中国超过150年历史的老字号企业，只有六必居、张小泉、陈李济、同仁堂、王老吉这5家。之所以会出现如此大的差距，很大一部分原因就是国内的很多公司都不

够专注，不够踏实。

现今的中国企业发展太过激进，喜欢大幅度快跑，喜欢搞多元化产业，常常炒房地产、炒金融、吹IT泡沫，实际上连自己的本行业务也没有做精做透。为此，任正非多次提醒华为人一定要专注、务实，要学习日本企业的“工匠精神”。他曾经特意签发过一封总裁办电子邮件，仅仅在上面转载了一篇文章：《日本工匠精神：一生专注做一事》。在他看来，Hard Lock虽然不过是一家小公司，但这家公司愿意花费20年的时间来生产螺母，这种工匠精神是难能可贵的。这家公司最后大获成功，全世界的高铁、飞机和轮船都在用它生产的螺丝。

任正非重视这样一家小企业的根本原因就在于这家公司的工匠精神和务实态度，这种精神在任正非看来就是一种回归理性的发展态度，即专注于自己的产业，做好分内的工作，不片面追求多元化发展，不片面追求高速度，正因为如此，任正非在28年中就坚持做了一个公司——华为，坚持做了一个产业——ICT。华为从只有几十人的队伍开始，就一直在进攻通信领域这个“城墙口”，哪怕到了几百人、几万人、十几万人的规模后，依然没有改变这个目标。华为现在每年都要在通信领域投入1000多亿元的资金，其中研发方面就将近600亿元，市场服务方面也达到了500亿~600亿元。因为专注于一件事，华为的大数据传递始终领先于世界。

任正非为了提升管理效率，一直苦苦思索改革的方案，一直都在想办法谋求改进的可能。丰田的董事在退休之后，被任正非聘请来华为指导管理工作，对方带着自己的团队在华为一干就是十年。有一个来自德国的工程研究院团队也在公司待了十几年，这些人一直都在帮助华为提升管理效率。很多人觉得没必要这样做，认为花上几年时间将管理体系融入工作中后，一切自然就步入正轨了。

对于看似非常简单的管理体系，华为坚持改革了28年。很多企业家都认为自己的公司已经打造了足够健全的管理体系，因此放弃继续改进的机会，任正非却从不这样想，华为这28年来坚定不移地推进企业继续变革。公司之所以花28年的时间向西方学习管理知识，原因很简单，华为公司的流程至今也没有能够打通。任正非说："虽然我们和其他一些公司比管理已经很好了，但和爱立信这样的国际公司比，我们多了2万管理人员，每年多花40亿美元管理费用。我们还需要不断优化组织和流程，提升内部效率。"

正因为保持这种专注度，长时间地将精力集中在某一件事上，华为才能将这些事情一点点做到极致，才能不断获得进步和提高。很多企业家喜欢追求数量上的优势，喜欢放宽自己的生产线，喜欢多元化战略，却忽略了一个基本原则：好东西都是精益求精的。而精益求精的前提就是投入，持续不断地投入，就是强大的专注力加上持续不断的奋斗精神。

世界上有很多伟大的企业，它们长久以来只会生产一种产品，如可口可乐100多年来只生产可乐，但这丝毫不影响它的伟大，丝毫不影响它的市场价值和利润；麦当劳只专注于快餐，尽管看起来很简单，可是麦当劳征服了全世界。这些公司历经数十年甚至上百年的发展，始终在做一件事，始终在坚持一个目标，它们比谁都要更纯粹，比任何企业都坚持得更久。

很多企业过于看重利润，总想着扩大业务，结果因为过分扩张而分散了精力，导致企业发展遇到阻碍。原因在于这些企业在扩张的同时根本没有做好本职工作，没有将自己最基础、最核心的业务做熟做透，结果难以支撑庞大的生产线，也难以支撑起企业扩张的欲望。

任正非对此深有感触，他明白华为要想更长久地生存下去，就要坚持将自己的本职工作做好，以此打造独一无二的竞争优势。他建议，华为人应该具有战略耐性，要看得更长远一些，所有人都应踏实前进，沉下心来搞事业，而不要轻易迷信多元化战略。无论在华为最艰苦的岁月里，还是在最辉煌的时刻，任正非始终保持淡然，始终以最诚实、最固执的态度坚守自己的岗位，始终坚持把华为的工作做好。

有位知名的评论家说过，无论任正非一开始投资什么，无论一开始华为做什么，他都会获得同现在一样的成就，因为任正非拥有坚定的目标。为了实现这个目标，他会持续不断地加大投入，即便拥有更好的投资机会，他也不会动摇，而这份执着正是优秀企业家不可或缺的品质。

6. 做企业就要一步步壮大

我认为发展应该是循序渐进的。突跃会产生，但需要很长的酝酿过程。怎么创造价值呢？我们认为是循序渐进。欧洲其实也是一千多年来发展起来的，一点一点进步来的。一千多年前，欧洲是中世纪的黑暗，我们是“清明上河图”啊。所以，进步是慢慢地一点一点完成的。有时候我们看欧洲的昨天，会觉得当时怎么这么傻呢？其实这是以今天的眼光在看昨天。我不相信大跃进可能成功，所以我们公司没有大跃进。去年有一阵子股票疯涨，我跟公司很多人说，这种情况是不能持续的。山还是那座山、梁还是那道梁，爹还是那个爹、娘还是那个娘，爹娘都没有变化，你怎么能突然成了“富二代”呢？这种疯狂的情况下你还要投进去，将来一定亏。

——任正非

如果从电子通信和消费类电子的角度来看，华为公司其实和三星公司一样，都是该领域内世界级的领导者；从商业史发展的情况来看，华为则是新兴市场崛起进而称雄全球市场的典型代表。它的成长和发展仍有很大空间。换言之，如果华为加快发展的脚步，增加投资的力度，快速扩张市场或者增加产品线，相信华为可以获得更多的经济效益。但任正非是一个非常理性的人，他似乎永远知道华为需要什么，也了解华为最适合往哪个方向发展。多年来，他一直呼吁公司的干部和员工要保持冷静，不要太过浮躁，不要自我膨胀，要“真心实意地磨好豆腐”，一步步向前走。这些年来，华为的发展越来越平稳，所走的每一步都很有力度。

尽管华为的发展速度非常惊人，而且常常被外国冠以“大跃进”的称呼，实际上华为的发展根本就不是搞大跃进，而是脚踏实地地走好每一步。对于华为而言，发展的每一步都是有步骤、有规划的，非盲目扩张。很多人质疑华为在国际市场的扩张行动不够沉稳，一些同行甚至等着看华为的笑话。

大家都低估了华为的能力。尽管发展速度惊人，可是华为并没有盲目地迈开大步往前跳，它仍然小心翼翼地走好每一步。任正非在抢占市场的时候曾经提出了著名的“薇甘菊战略”，要让华为像薇甘菊这种恐怖的野草一样，只要占据一点空间，就能快速生根发芽；只需要一丁点养分和空间，就可以一步步快速扩张，占领大批地盘。这种扩张实际上也是循序渐进的，而非那种夸张的跳跃式，更不是一种盲目的扩大。

看一看华为的发展历史，了解一下华为在国内市场和国际市场上的扩张步骤，就会明白任正非领导下的团队并没有出现失控的症状，没有头脑发热的表现，对他们而言，一切都是中规中矩的。一切就像他们过去所做的一样，完全没有脱离自己的节奏和控制。

如果说任正非和华为野心勃勃，这句话并没有什么问题，但野心勃勃并不意味着任正非会迫不及待地想要打造一个商业帝国。相反，他比任何人都更加沉稳冷静。任正非说："我没有思考什么远大的理想，我正在思考的不过是未来两年我要做什么、怎么做。"

他曾经去越南考察，发现一个很奇特的现象。越南那边的工厂厂房建造得非常漂亮，具有现代化气息，可是城市的基础建设一团糟，公路破烂得没有办法行驶，城市缺电非常严重。越南的很多地区经济发展非常快，可是电供不上、钢铁供不上、公路建设跟不上，基础建设能力非常薄弱。这种不均衡的产业现象让任正非有感而发，他认为工业是从低端走向高端的，如果一个国家和企业连低端产业都没有打好基础，那么高端产业必定会受到制约。可是有太多的国家、太多的企业希望一蹴而就，希望在短时间内将自己提升到一个很高的水平上，结果只会在发展道路上越走越不顺。

脚踏实地，一步一个脚印，坚持做好自己目前的工作，完成自己目前的目标，这是任正非对华为所有成员的要求。他不希望企业去追求一些不切合实际的目标，不希望企业为了片面追求经济效益而忽略自己最擅长也最需要做的事情。

有人曾经问华为轮值CEO郭平，华为究竟什么时候上市，郭平风趣地回答说："一千年以后。"这是一句玩笑话，在任正非看来，华为在未来的五六十年内也许不上市。上市几乎是所有国内企业都渴望做的事，上市就可以利用市场的估值带动企业的发展，很多企业在很短时间内就可以赚得几百亿元。任正非没有被上市的狂热氛围所影响，他觉得赚钱容易，难的是实现战略目标，华为曾经在广告上这样说："不在非战略机会点上消耗战略竞争力量。"上市圈钱只会分散公司的注意力和精力，毕竟上市后就要听股东的意见，而股东为了利益可能会逼迫企业横向扩张，这样会导致公司忽略和脱离原有的战略目标方向。

对任正非来说，现在还不是上市的时候，未来的一段时间也不是上市的最佳时间，一切都需要等到公司的发展进入一个更稳定、更成熟的阶段才行。因此，华为多年来始终保持低调踏实的风格，没有急于求成，仍旧踏踏实实做自己的实体经济，没有过分在意那些虚拟的股票估值。对他而言，那些不过是一些无意义的经济数字，而且华为也不需要通过上市来完成集资，不需要通过上市来实现业务扩张。任正非说：“虚拟经济是实体经济的工具，我们不能把工具变成目的。我们用锄头去种地，不能说我有好多把锄头我不种地了，那锄头有什么用呢？锄头就是工具，目的是拿来种地的嘛。如果我们玉米不种，啥也不种，就没有创造直接价值，锄头就永远没有意义。虚拟经济不是一个目的，如果我们把虚拟经济变成目的了，迟早会有一些挫折。”

所有企业都一样，它们的基本目标就是持续地对利益展开追求。利益是企业可持续发展的第一推动力，更是企业创立、成长和发展的内在基因。如果一个企业不追求利益，或者持续地亏损，那么这个企业的存在价值基本上为零，也可以说这是一个令人感到耻辱的企业，不会受到市场的欢迎，更不会得到大众的认可。

利益的获得是由企业自身的实力决定的，企业当前的获利水平是由其目前所拥有的能力决定的，而企业未来的盈利能力则是由其未来所拥有的实力决定的。这是一个最基本的规律。现实中，很多企业片面追求外部利益，将利益索取当成唯一的发展目标，这种“唯利是图”和“利益至上”的原则实际上给企业的发展带来了很大负担和危害。很多企业家为了追求更多的利益，会忽略自身的实力，结果由于内在实力不强而导致了企业的冒险行动，增加了企业遭遇“滑铁卢”的风险。

另外，为了实现利益更大化，企业会采取一些投机的方式获得利益。在过去很长一段时间，很多发展不成熟的中国企业就因为过分追求利益而采取投机的方式，结果虽然在市场上获得了短期的高回报，可对长远的发展来说贻祸无穷。很多投机的企业都没能长久地在市场上存活下去，投机主义使它们最终迅速走向衰落和消亡。

而华为步步为营、脚踏实地，坚持循序渐进，通过不断地积累来完成跨越。现在，世界上最顶尖的几家通信设备公司都非常敬畏华为，原因不仅仅在于华为如今的地位和实力，还在于华为一直保持冷静的发展姿态。一个步步为营、不骄不躁的华为才是最具威胁的竞争对手。

第八章 Chapter 8

均衡发展比盲目求快更重要

对于企业来说，发展是头等大事，但是重视发展并不意味着就要不顾一切地向前发展，企业必须在发展的同时保持稳定，稳定往往是发展的前提条件，而稳定的关键在于打造一个相对平衡的体系，这样才能协调好发展的各方因素，才能有效确保不会出现太大的漏洞。可以说，均衡的发展才是一个企业最佳的发展状态，也才能真正激发出一个企业的潜力。

1. 均衡是生产力最有效的形态

> 继续坚持均衡的发展思想，推进各项工作的改革和改良。均衡就是生产力最有效的形态。通过持之有恒的改进，不断增强组织活力，提高企业的整体竞争力以及不断提高人均效率。
>
> ——任正非

2001年，任正非首次提出了“均衡发展”的概念，明确了要保持均衡发展的经营理念。他对外强调华为不会因为内外部环境的变化而改变自己的经营理念，华为始终会将均衡发展的经营理念放在第一位。如从2001年起，任正非几乎每年都要制定出“十大管理要点”，这些管理要点常常会出现变动，但是不管内外部环境发生了如何变化，“坚持均衡发展”多年来始终被放在第一条。

完全可以这样理解：任正非的经营管理思想的核心就是均衡，均衡是其最高的经营管理哲学。任正非在之后进一步对自己的均衡理论进行了补充，认为“均衡是生产力最有效的形态”，均衡是企业发展的最佳状态，能够体现出生产力的最大功效。

如对于绝大多数企业来讲，持续的利益追求是企业可持续发展的第一推动力，是企业创立、成长和发展的内在基因。但华为没有一味获取利益，任正非也多次强调华为不以赚钱为最终目标。在任正非看来，对于利益的追求固然能够推动企业的发展，但是很容易因为片面追求利益而导致企业发展出现失衡。对于这一点，华为初期相对粗犷的发展模式所带来的负面效应就是很好的证明。

因此，华为的经营理念慢慢发生变化，公司开始将过去追求经济效益的理念转变为追求优质的服务，建立起“客户化导向”的理念。华为的发展不再是单纯地以利益为驱动，而是一切以满足客户需求为出发点，只要客户有需求，公司就会全力以赴地为他们提供任何力所能及的帮助。无论是提供网络设备、探索新技术、开发新产品，还是与客户进行沟通，华为始终以服务者的姿态面对这一切。

这种变化实际上体现出了企业均衡化发展战略的决心，因为“以客户为中心”体现出的不仅仅是一个理念，还是一种体系。要想真正实现“以客户为中心”，首先就要打造出一套合理的经营管理体系来支撑它的运行，就要做到经营和管理有效配合。

经营和管理如何才能做到均衡发展，经营和管理的有机配合又该如何体现出来，这是摆在华为面前最现实的问题。到了2005年，任正非再次梳理了华为的发展战略，并对这些战略进行完善和总结，提出了四个发展理念。

第一，为客户服务是华为存在的唯一理由，客户需求是华为发展的原动力。

第二，质量好、服务好、运作成本低；优先满足客户需求，提升客户竞争力和盈利能力。

第三，持续管理变革，实现高效的流程化运作，确保端到端的优质交付。

第四，与友商共同发展。彼此既是竞争对手，也是合作伙伴，共同创造良好的生存空间，共享价值链的利益。

从上述战略中可以发现，华为的战略开始注重将企业的经营、管理，企业外部、内部环境等综合起来进行考虑，以确保能够实现均衡发展的状态。

在经营模式方面，华为打造出了“客户化导向”的宏观运作模式，以客户需求导向作为产品的发展路标，全心全意为客户提供完善和及时的服务，并将此作为公司存在和发展的唯一价值。

在管理模式方面，华为打造了微观管理模式，进行流程化的组织建设，确保企业中的各个元素能实现从端到端的高质、快捷、有效的管理。

在内部核心价值观方面，华为打造了以高绩效为特征的企业文化，确立了“以客户为中心，以奋斗者为本”的企业文化，为公司的发展注入了新的活力。

不仅如此，华为还注重将内部价值导向（艰苦奋斗）与外部价值导向（客户）有机地均衡地结合在一起。

通过对这四个发展理念的解读，任正非帮助华为制定了一个较为成熟的均衡发展策略，华为已经做到了内部变革和迎合外部的均衡。按照任正非的说法，这四个发展理念为华为构建起了一个比较科学的系统，实现了客户价值、管理效率、工作效率的有机结合。具体分析，这种均衡的理念所产生的效果是全方位的：在个体层面，实现了个人能力与工作职责的动态均衡；在组织层面，实现了部门经营目标与管理效率的动态均衡；在公司层面，实现了功与利、经营与管理、组织战略目标与组织能力的动态平衡。从整体上看，这一发展理念和模式将客户价值、企业效益、管理的效率和工作的高绩效有机地结合在一起，从而实现了一种有效的和谐、一种动态的均衡。

这些动态的均衡发展模式几乎成了华为模式中最重要的特色，这个模式也给华为的发展带来很大的助推力，成了企业发展的重要生产力。在2004年，美国一家顾问公司帮助华为设计公司组织结构，对方在参观和考察公司的组织结构后觉得非常不可思议，因为华为竟然没有一个中枢机构。这家顾问公司建议华为最好建立EMT（执行管理团队），让高层能在岗位上发挥出实际的功用。这个建议非常不错，也符合华为当时的实际情况，大家一致推荐任正非担任EMT的主席，任正非却不愿意，他担心此举会引起独裁管理和中央集权。

经过协商，有人提出了一个折中的方案——实行轮值主席制度，让八位高层领导轮流执政，每人轮值半年。大家都觉得这个办法最为合理，便开始推行这个制度，后来又渐渐演变成为轮值CEO制度。这个轮值制度很快产生了很大作用，有效平衡了公司各方面的矛盾，使公司得以均衡成长。轮值CEO不仅极大地锻炼了个人的管理能力，同时也避免了一人独大、一人专权的弊端，保证了全局利益的均衡。这是公司均衡模式中的一个典型案例，也是华为获得进步的一个缩影。

如今二十多年过去了，华为始终坚持走均衡发展的道路，始终在发展中保持均衡策略，既兼顾经济效益，又注重社会效益的提升；既能把握住短期利益，又能保证长远利益的获得。通过对均衡策略的把握，华为获得了高速发展，竞争力越来越强，逐渐走在世界通信领域的前列。

2. 妥协就是寻求一种平衡

坚持正确的方向，与妥协并不矛盾，相反，妥协是对坚定不移方向的坚持。

当然，方向是不可以妥协的，原则也是不可以妥协的。但是，实现目标过程中的一切都可以妥协，只要它有利于目标的实现，为什么不能妥协一下？当目标方向清楚了，如果此路不通，我们妥协一下，绕个弯，总比原地踏步好，干吗要一头撞到南墙上？

——任正非

当企业想要改革的时候，该如何将改革措施推行下去？很多人认为，身为一家企业的领导者，或者作为部门的实际掌权人物，他们必须有自己的主见和权威，必须拿出领导者的气魄和威严。只有在做决策时坚持自己的想法不让步，才能体现出一个领导者的水平和风范。因此，很多企业坚持推行“一把手”制度，只要是领导，就拥有绝对的权威；只要是领导，就可以下达任何命令或者做出任何一个决定。

这种现象在很多民营企业中非常普遍，因为多数民营企业都是创始人担任最高职位，他们拥有绝对的话语权和权威，因此常常推行独裁管理模式，一个人就能决定各种大事。这样做，往往会造成内部的激烈冲突，甚至引发大规模的矛盾，因为改革的推行很可能会损害一些人的既得利益，如果强制推行很可能会造成冲突，给企业发展带来阻碍。

所以民营企业通常会面临多重矛盾，管理者想要消除这些对立，就必须在改革派和守旧派之间找到平衡，在发展和稳定之间找到平衡。怎样才能找到平衡呢？对于这一点，任正非的做法非常简单，那就是妥协。自从创立华为开始，任正非一直不断地对企业的管理体制进行调整和改革，每一次改革都是一次妥协的过程。而所谓的妥协，并不是要求管理者在遇到问题时要低头，一味退让，而是管理者既要坚持原则，又要善于找到让员工心甘情愿接受的变通的办法。

他认为："为了达到主要的目标，可以在次要的目标上做适当让步。这种妥协并不是完全放弃原则，而是以退为进，通过适当交换确保目标的实现。明智的妥协是一种让步的艺术，妥协也是一种美德，掌握这种高超的艺术是管理者的必备素质。"

华为多次进行改革，尤其是在管理上进行变革。由于这些改革触及了某些人以及某些部门的权益，因此遭到了激烈的反对，任正非在推进改革的过程中也承受了巨大的阻力和压力。为了不让矛盾进一步激化，任正非改变了自己的策略，放弃了原先制订的大刀阔斧推进改革的计划，而是采取更加舒缓、更加柔和的方式进行渐进式的修修补补。这种方法，他称为"慢慢地切削大象"。任正非认为任何改革都要小步骤地进行，不要直接去损害反对者的利益，也不要直接下猛料，而应该采取一些更具弹性和更加开放的方法慢慢解决问题。

他还尽量倾听反对者的声音，适当做出妥协。华为引入IBM、Hay、德勤、盖洛普等公司的管理制度，曾经引起了很大反应，公司里开始为走西式道路还是中式道路争论不休。任正非最后综合了双方的意见，没有直接照搬模式，也没有完全颠覆和否定自己原有的制度，而是有选择性地引入一些制度，有步骤地进行局部改良和优化，将国外制度中的精华和公司内部原有的一些精华结合起来。这种中西合璧的做法为反对者创造了一个逐步适应的环境，也让主张革新与不主张革新的两派人有了共同的话题，创造了共同的目标。改革因此慢慢走上了正轨，得以在整个公司推展开来。可以说，华为的成功改革在于任正非在改革派和保守者之间很好地把握住了一个平衡点。

在任正非看来，改革派和守旧者并不是天然的对立者，两者之间完全可以找到一些共性，只要矛盾双方都适当地偏向这种共性，那么就可以有效缓解双方的冲突。如果彼此实在没有共鸣点，矛盾双方也可以适当地各退一步，找一个让双方都可以接受的点。

这么多年来，任正非始终保持空杯状态，无论何时何地，他都愿意用心去倾听别人的建议和声音。只要别人有好的主意，他就会在第一时间将这些观点传播出去。很多人认为，任正非就像一只超级蜜蜂，平时到处飞，到处传播花粉。任正非也承认自己是一个非常包容的人，即便自己与别人的观点发生了冲突，他也不会蛮横地坚持己见，而是想办法做出妥协，缓解双方的冲突。他曾经说过："因为我的性格像海绵一样，善于吸取他人的营养、总结他人的精华，而且大胆地开放输出。"

这种谦虚、低调、妥协的性格使任正非成为一个没有被成见、权威、经验、理论、财富、权力等这些"堆积物"压在身上的人，更没有因为这些而目空一切。对他而言，解决问题、解决分歧的方法并不是单纯地争吵和压制，最好的办法就是通过妥协和退让来寻找新的共同点。"妥协"是双方或多方在某种条件下达成的一种共识，在解决问题上妥协也许不是最好的办法，但在没有更好的方法出现之前，它就是最好的方法，就是缓解矛盾、达成共识的一个最佳方案。

在处理公司内部管理等方面，任正非要求管理者把握好尺度，凡事留有回旋的余地和空间。对人对事要减少浮躁冲动的情绪，一定要收敛自我，平时少一些冲动，多一些理解和体谅。他要求管理者无论是在经营上还是内部人员管理中，都要学会把握灰度，不要凡事上纲上线。很多时候，极端的理性、极端的管理、极端的自我主义，都会令公司的管理陷入僵局。

尤其在公司中，有很多年轻人血气方刚，有想法，也敢于提出自己的想法，因此在进行交流的时候往往会和其他人因分歧而出现争吵，甚至产生矛盾。任正非非常赞赏年轻人敢想敢做的气魄，但他同时也建议年轻人要懂得隐忍和退让，必要的时候要懂得妥协。他建议，管理者对年轻人要保持更多的包容，不要动不动就用自己的权威和权力来否定年轻人的想法，而应该适当妥协，承认他们的能力，鼓励他们勇敢地表达自我，这样年轻员工的积极性才不会受到打击。

任正非说："'妥协'其实是非常务实、通权达变的丛林智慧。凡是人性丛林里的智者，都懂得在恰当时机接受别人的妥协，或向别人提出妥协。毕竟人要生存，靠的是理性，而不是意气。"因此，在华为的决策体系中充满争吵和妥协，大家通过争吵、妥协将智慧集中在一起，并且形成一个相对均衡的状态。他一直要求管理者要懂得妥协，要有宽容之心，正因为这样，华为的改革始终坚定不移地在正确的方向上推进，而矛盾都能得到及时有效的控制。

3. 组织结构的木桶理论

华为组织结构不均衡，是低效率的运作结构。就像一个桶装水的多少取决于最短的一块木板一样，不均衡的地方就是流程的瓶颈。

——任正非

美国管理学家彼得提出了一个著名的“木桶理论”：木桶通常是由许多块木板箍成的，而一只木桶盛水的多少，并不取决于桶壁上最高的那块木块，恰恰取决于桶壁上最短的那块。这块短板就成了这个木桶盛水量的限制因素（短板效应）。若要木桶盛水量增加，只有换掉短板或将短板加长才行。

这个理论似乎与那些常规思维格格不入，毕竟在多数时候人们更喜欢强化自己的优势，喜欢扩大和发展自己的优势项目，并以此来决定自己的上限。实际上在很多时候，决定自身高度的并不是那些优势，而是那些劣势和缺陷。木桶理论在一些组织机构中非常常见，尤其是在企业中。

通常情况下，企业会将更多的资源集中在自己的优势项目上，会想方设法在某一领域获得更大突破，可是当真正获得突破时，发现这些引以为傲的优势并没有带来太多帮助，并没有因此推动企业的发展。之所以会出现这种情况，很大一个原因就是多数企业忽略了另一个重点——短板。企业中有什么大的弱点，有什么薄弱环节，有什么重大劣势，这些都是企业最应该关心的，也是企业发展过程中潜在的隐患，它们会成为阻碍企业进一步发展的绊脚石。

华为多年来一直践行木桶理论。一方面，不断开拓进取，继续发展新技术，开展优势项目，拓展新的业务；另一方面，努力抓住自己相对薄弱的环节不断进行改良和调整，确保那些弱点不会成为巨大的累赘和隐患。

在华为发展的最初一段时间，公司通过艰苦奋斗的文化很快让自己壮大起来，成为国际市场上的新兴力量。当时，华为在人力资源、资金、技术以及工作状态上都占据优势，企业的发展势头也一派红火。可是高速发展的背后是管理滞后的巨大隐患，任正非已意识到管理混乱带来的低效率影响，于是建议公司放弃那种粗放的、单纯依靠人力资源和技术高速推进的发展模式，转而从自己的弱点开始进行改革，而这也为引入和打造符合自身发展情况的管理体制埋下了伏笔。

在那个年代，很多中国企业和中国企业家都不太注重管理，觉得有人、有技术就行。华为总是能轻易调动大量的人力和资源集中攻克技术难题和占据市场，在国内市场几乎占据了压倒性优势。但任正非更看重的是如何将自己的短板补上，因为一旦进入国际商场，那些短板和缺陷就会被放大，就会成为对方下手的重点。

邓小平同志说："两手抓，两手都要硬。"任正非非常赞同这个观点，他觉得企业发展也要抓两手：一方面抓生产，另一方面抓管理。管理恰恰是华为的弱项。他后来在《华为的冬天》一文中提醒所有的华为人，要树立危机意识，不能用自己的优势去衡量对手，不能用优势评估自己的发展状态，而应侧重于看看自己缺少什么、需要什么、有哪些不足，这才是避免危机的最好办法。

在文章中，他反复强调企业不仅要发展自己的优势项目，还要尽量改进和提升自身的短板，做到均衡发展。他解释道："均衡发展，就是抓短的一块木板。不能靠没完没了地加板，一定要改进我们的管理。在管理改进中，一定要强调改进我们木板最短的那块。"为此，华为先后和IBM、Hay、Mercer、PwC、德勤、FhG、盖洛普、NFO-TNS、Oracle等公司进行合作，并开始从业务流程、组织、品质控制、人力资源、财务、客户满意度等六个方面进行系统变革。这些变革提升了华为的管理层次，完善了华为的管理体系，增强了华为的管理水平。管理的提升让华为解除了后顾之忧，它的一些优势项目开始发挥出更大的威力。

此前，很多人都觉得企业发展拼的就是技术和人力资源、市场，担心华为过分看重管理，投入巨大的精力和资金去建设管理体系会导致企业发展停滞，继而引发一连串的负面效应。任正非否决了这些想法，他觉得企业的发展应该是均衡的，只有保持均衡，华为这只大水桶才能盛下更多的水。事实也证明了任正非的想法的正确，在华为引入管理体制并打造强大的管理体系之后，企业的发展并没有因此而停滞，更没有陷入危机，反而发展势头良好，在国际市场上越来越活跃、越来越具有竞争力，营业额也不断上升，成本却逐年下降。

任正非还要求员工关注木桶理论，平时既要善于发现自己的优点，又要善于挖掘自己的缺点和不足，然后有针对性地对这些缺点加以改正。在团队建设方面，他更是主张所有部门一定要从弱势群体抓起，要关怀和看重团队中能力不足的那些员工，主动帮助他们提升实力，这样，团队才会变得更有竞争力，更无懈可击。

“木桶理论”的存在为企业和个人的发展提供了一种更健康合理的模式，华为对“木桶理论”的成功运用再次证明了以往片面追求某一方面优势的做法不可取，企业需要全方位地进行提升。哪怕想要扩展自己的优势，也应该在弥补缺陷的基础上进行，保证企业发展不会受制于那些薄弱环节。这就像一辆车，想让车子保持高速运行的状态，仅仅依靠强大的引擎是不够的，还需要拥有质量过硬的车轮。如果车轮质量不过关，即使引擎再强大，车子也很难跑起来。

4. 不要过度压缩竞争对手的生存空间

华为强调开放合作，只做自己最有优势的东西，其他部分开放合作让别人做。即使我们成了行业的领导者，也不能独霸天下。华为若成为成吉思汗独霸天下，最终是要灭亡的。我们立足建立平衡的商业生态，而不是把竞争对手赶尽杀绝。我们努力通过管道服务全球，但不独占市场。

——任正非

在市场竞争的时候，很多企业都梦想着能够垄断市场，希望自己的市场占有率占据绝对的统治地位，或者自己才是市场上唯一的竞争者。如果询问一百位企业家："你们是否愿意成为市场上绝对的主导力量，是否希望将所有的竞争对手都赶出市场？"相信这一百位企业家会给出同样肯定的答案。

就像一只雄狮在自己领地范围内不允许其他竞争对手存在一样，企业的排他性总是非常强烈。如果一个企业真的有实力控制一大半市场，真的有能力抢夺整个市场份额，那么它肯定不会轻易给别的竞争对手留下任何机会，这几乎是任何企业和企业家想做的事情。能不能做到暂且不提，但是谁都会有一种独享资源的态度和想法。

任正非在谈到华为在市场上的竞争策略时却显得非常另类。2014年，任正非在“后备干部项目管理与经营短训项目”座谈会上发表了一次特殊的讲话。他明确表示，在争抢大数据流量机会点中，华为所占市场份额最好控制在1/3左右，剩下的留给竞争对手。对于这番表态，大家觉得很奇怪，其他公司都想方设法占领更多的市场，巴不得将所有的市场份额都抢占过来，为什么任正非只要求获得1/3的市场份额呢？为什么不能多占领一些？

任正非对此做出了解释：“在我们抢不到大数据流量的机会点时，就会被边缘化、死亡；当我们全部占领大数据流量机会点时，也会怠惰和死亡。”在这句话中，任正非指出了一个市场规律，那就是如果一个企业占据了大部分市场份额，就很容易走向衰落。究竟是什么原因导致这种情况出现的呢？

其实，市场竞争就像动物世界的竞争一样，如果将其他凶猛的食肉动物全部赶出领地，只留下某一只食肉动物，这只食肉动物不久就会失去原有的捕猎技巧，甚至会因为行动退化而死去。原因在于当所有的竞争对手退出领地后，它就有了充足的食物，可以不费吹灰之力捕获猎物，最终导致捕猎技巧下降。另外，竞争对手的消失使它不用再担心食物被抢走，因此会慢慢失去危机意识，在安逸、轻松的生活环境中，这只食肉动物会不断退化，最终丧失竞争力。

企业也是如此。当一个企业在市场上占据主导地位，且对其他竞争者具有碾轧的优势时，就会放松警惕，进取心也会下降，企业最终会陷入安逸之中，这恰恰是企业走向衰败的征兆。任正非眼中的诺基亚就是一个典型例子。作为曾经的超级企业，诺基亚在手机市场上的地位一度无人能够撼动，别的企业甚至连接近的机会也没有。正因为一手遮天，诺基亚的发展步伐越来越慢、越来越封闭，危机意识也不断下降，最终被以苹果为首的智能手机淘汰，在短短几年时间内，这个巨无霸就濒临破产。

任正非认为，垄断性的企业固然具备很大的竞争力和竞争优势，可这些优势往往会成为企业前进的绊脚石，因为多数企业是有惰性的，都是被竞争环境推着往前走的，只要竞争不那么激烈，只要确定没有人能够对自己造成大威胁，他们往往就会失去前进的动力，最终丧失之前建立起来的优势而被其他对手淘汰。因此，华为要想保持竞争优势就需要占据更大的市场份额，如果想要长久地发展，则需要懂得适当控制市场份额，懂得留一些市场给竞争对手，以此达成一种均衡态势，既保持优势，又可以在竞争中保持强烈的危机意识。

在任正非看来，一个良性的商业生态圈就应该保持一个合理的平衡状态，一家独大或者垄断都会造成商业竞争的失衡，从而破坏商业环境。只有引入竞争对手，只有时刻保持警惕性和竞争性，企业才会发展壮大，整体的商业环境才会变得越来越好，社会也才能不断获得进步。华为在市场上没有将其他企业当成敌人来对待，而是当成了互相竞争、互相促进的伙伴，它需要在市场上留下一个或者两个具有实力的竞争对手充当鲇鱼，刺激自己不断进步，这就是华为主张的“鲶鱼效应”。

如果说华为是一匹狼，为了生存，它需要给自己寻找一些竞争对手，要么引入另外的狼群，要么主动走入另外一群狼的领地。当然，它需要把握好一个尺度，既要防止自己因为占据了太多的市场份额而产生自我膨胀和惰性心理，也要防备市场份额太少而失去竞争优势。三分之一刚好是一个合理的范围，在保证自己利益的同时，也给对手留下生存空间，这种利益均沾的模式使华为始终保持强大的战斗力和危机意识。

任正非说过，华为最大的问题就是大家变得有钱之后突然对工作失去了兴趣，一旦华为成为某个市场上的绝对主导力量，员工同样会产生惰性。他要做的就是找一些对手来，时刻提醒华为人要保持专注和上进，否则就可能被市场所淘汰。

今天的华为已经成了全球电信制造领域的领导者，这是华为最强大的时刻，同时也是最脆弱、最危险的时刻。任正非绝对不允许企业在这个时候打盹和放松，他需要对手时刻鞭策自己，需要在保持均衡状态中谨慎前进。

5．均衡并不是要求绝对公平

> 总会有一部分人受委屈，这些人的正确态度会给我们的进步带来十倍的力量。由于您的正确对待，也给组织将来给您以更大的信任提供了支持。真正绝对的公平是没有的，您不能对这方面期望太高。但在努力者面前，机会总是均等的，只要您不懈地努力，您的主管会了解您的。要承受得起做好事反而受委屈。
>
> ——任正非

任正非曾经说过："华为内部的口号很实际，不空洞，因此常有人说是灰色的。但员工听了很亲切，觉得能实现，慢慢地就做起来了。把这些灰色的口号叠加在一起就会发现，它与国家的精神目标是完全一致的。比如，各尽所能，按劳分配。怎么使员工各尽所能呢？关键是要建立公平的价值评价和价值分配制度，使员工形成合理的预期，相信各尽所能后公司会给他合理的回报。而怎么使价值评价做到公平呢？就是要实行同等贡献、同等报酬原则。不管你是博士、硕士还是学士，只要做出了同样的贡献，公司就给你同等的报酬。这样就把大家的积极性都调动起来了。”

任正非在这里提到了一个关键词：公平。他认为这是灰度管理和均衡原则中的一部分，不过均衡并不意味着绝对的公平。比如分配，华为的分配制度是建立在绩效考核基础上的，业绩好的才能分配更多的利益，那些没有贡献的则要面临被淘汰的风险，可见华为并不是纯粹的平均分配，不是每个人都拿到同样的钱、获得同样的尊重。就像华为的股权分配制度一样，华为的人并没有平均享有股权，任正非是按照员工的工作贡献尽量做出均衡的分配。

绝对的公平是不存在的，不可能实现平均分配。有时候，有的人做出了很大贡献，很可能被忽视；有的人能力出众，也可能被埋没；有的人能力并不太出色，获得了更多的报酬，获得了更高的职位。这些现象在华为也会存在，但公司一直致力于打造一套平衡的体系，打造一个相对均衡的状态，希望所有人都能从华为的发展中获得利益。

事实上，公平永远都是相对的。绝对的公平不仅不符合现实情况，而且还会带来很恶劣的影响。有人觉得均衡就是绝对公平，可是当企业达到完全意义上的公平时，当所有员工都能领到相同的工资、获得同等数额的奖金和股权分配时，企业原有的均衡状态反而会被打破。在绝对公平的体系下，人的私欲和人性的弱点会被逐渐放大，一旦人们发现自己可以获得和别人同等的待遇后，可能会变得更懒惰、更自私，会放弃奋斗、放弃努力，甚至逃避责任。这对那些辛苦奋斗、全心全意为企业付出的员工而言很不公平，企业原有的均衡状态就会遭到破坏。

如1996年市场部集体大辞职就属于这种情况。当时华为很多新员工对老员工的工作状态感到非常不满，原因很简单，这些老员工早进公司几年，有幸获得了股权收益，工资和奖金有了很大的保障，是公司里的富裕阶层。这些“富人”在享受优厚待遇的同时并没有为公司创造更多的价值和利润，而且进取心和积极性也比新员工差很多。

由于提倡公平，很多老员工拿钱不干活或者少干活的状态自然引起了新员工反感，新员工并不太在意自己的工资与职位的高低，也不指望能和其他人一样获得高报酬，他们更在意的是公司在对待他们的时候是否做到了基本的均衡，是否能够做到合理分配。

类似的现象在很多公司都存在。很多企业为了创造一个更加公平的环境，常常会选择平均分配，实际上这并不是一个解决公平问题的好办法。企业要想确保各方利益均衡，不能仅仅依靠一碗水端平的初级想法来实现。最好的方法是按劳分配。按贡献值的大小来分配，对于普通劳动者、一般奋斗者和有成效的奋斗者这三类不同员工，给予不同的待遇，这样才能尽可能地平衡每一个人的利益。

为了进一步做到分配的均衡，任正非还建议取消年终奖制度。他觉得年终奖制度是落后的制度，好的企业应该强调过程奖、及时奖。他举例说："应有50%幅度的过程奖在年终前发完，没有发完的到年终就不发了，不给你了。这样逼得各部门及时发奖金，我们强调项目奖、过程奖、及时奖。"过程奖和及时奖实际上细化了员工的贡献，也优化了分配方式，能更好地保障奋斗者的利益，最大限度地激励员工的积极性，从而确保员工始终保持强大的竞争力。

2011年，任正非为了完善内部的价值分配制度，提出了"获取分享制"的观点，即任何组织与个人的物质回报都来自其创造的价值和业绩，作战部门（团队）根据经营结果获得奖金，后台支撑部门（团队）通过为作战部门提供服务分享奖金。

按照这种新的价值分配制度，当公司达到利润目标时将对员工予以经济奖励，这种奖励和基本工资、生活费用调整或永久增加业绩工资并没有直接关联。华为员工获得利润的方式有三种：第一种，固定比例法，即公司根据成功达到目标的情况决定一个百分比，把这个百分比的税前或税后年利润作为利润分享的奖金。第二种，使用比例升级法代替固定比例法。如公司决定，800万美元以内的利润取3%用于利润分享，超过800万的利润取6%用于利润分享。这种方法的好处在于通过增加分享金额的办法，激励员工为超额利润目标而努力。第三种是获利界限法，指员工只有在利润超过事先定好的最低标准并且低于最高标准的时候才进行利润分享。公司建立最低标准是为了在把利润分给员工之前保证公司对股东的回报；建立最高标准是因为公司创造超过该标准的利润的因素不是员工生产力或创造力，而是诸如技术革新这类因素。

近年来随着获取分享制的推行，有效均衡了人力资源的利润分配，尽可能保障了每一个员工的合法权益，充分提升了员工的工作积极性。

6. 能力与职位的合理匹配

> 要强调做好人与岗的“匹配”，把合适的人用在合适的岗位上。当一个人做自己有意愿做又擅长做的工作时，干劲最足，也最容易做出成绩。当组织的需求与个人的意愿相匹配时，就会达到理想的组织人才配置状态，实现组织和个人的共赢。
>
> ——任正非

管理学家劳伦斯·彼得对成百上千个组织进行调查，发现了一个非常有趣的现象：组织中的多数人都不能胜任自己的工作，很多人都在自己的职位上遭受了失败。经过归纳和总结，彼得推断出一个结论：在一个等级制度中，每个职工趋向于上升到他所不能胜任的地位。按照他的理解和解释，每一个职工由于在原有职位上工作成绩表现好（胜任），之后就会被提升到更高一级职位；如果在这个岗位上继续胜任，那么将进一步被组织提升，直至到达他所不能胜任的职位上。所以彼得认为，每一个职位最终都将被一个不能胜任其工作的职工所占据，而且层级组织的工作任务多半是由尚未达到胜任阶层的员工完成的。这就是著名的彼得原理。

彼得原理是企业中的一个普遍现象。在企业中，常常会出现有能力的人处于下层职位，无法胜任工作的人偏偏待在更高职位上，这种不合理的状况会影响企业的均衡发展，破坏企业薪酬与职位之间原有的均衡性。华为同样存在类似状况。一些跟着任正非打江山的人在职位提升和薪资待遇方面的确占据先天优势，但他们渐渐跟不上企业发展的形势，无法适应职位的更新要求。

很多老员工没有掌握新技术，很多老干部缺乏有效的管理方法，他们根本不适合再待在原来的岗位上。华为为了确保组织的活力，为了让整体发展呈现平衡状态，开始进行改革。如推行下岗再竞业的活动，或者实行更为严格的绩效管理制度，让一些业绩不达标的管理者退位，把一些无法跟上形势的人淘汰出局。这样做的目的就是确保职位与能力相匹配，保证工作效率和企业内部的公平体系。

能力与职位的合理搭配是均衡理论中不可或缺的一部分，也是企业维持均衡状态的一部分。一个合理发展的企业、一个合理发展的组织，首先要做到人员配备的均衡与合理，员工如果不擅长做某件事，就不要将其安排在这个岗位上；员工如果不适合做某项工作，就不要将其安排在相关的职位上。企业只有确保人员与职位合理搭配，将个人安排在最合适的岗位上，才能确保效率的最大化和利益的最大化。

对华为来说，合理安排职位是企业发展的一个重要环节。尽管不可能让每一个人都能找到适合的岗位，也不可能让每一个人都能发挥出自己的特长，但华为多年来一直都在尽量减少人事任免上的错误。过去，公司发现很多人职位很高但能力平平，贡献不大，而有的员工职位很低、工资不高，可是做出了巨大的成绩，而且能力出众，却被管理层忽略了。任正非对此虽感困扰，但是他坚信企业的管理会越来越好。

华为在招聘人才的时候，会给予应聘者很大的自主选择权，员工如果觉得工作不适合自己，可以自由选择职位。任正非曾经表态：“公司允许员工有挑选岗位的机会，不要像封建包办婚姻似的包办终身。”等到实习一段时间后，华为会再次根据个人的工作表现重新进行合理安排，尽量把每一个员工都安排在最合适的岗位上，尽量发挥出他们的潜在价值。

有时候员工也会做出错误的选择，毕竟每个人都想在一个好岗位上工作，都想爬升得更高。华为会依据各种考核制度判断员工的实际能力和工作倾向。如果觉得员工的个人能力与职位不相符合，会建议员工换岗位，或者干脆将其调任到其他岗位上。

任正非说：“要通过员工岗位任命、工作安排牵引员工承担责任，做出贡献。每年通过例行的人岗匹配审视员工的贡献、绩效和岗位应负责任，审视岗位安排。强调把合适的人用在合适的岗位上，不仅能做到人尽其才，也能防止滥竽充数，避免人力资源浪费。我们要通过人与岗的合理匹配把不合格的人调离岗位，让有意愿、能履行岗位职责的人匹配上岗。公司政策应支撑‘少将连长’的产生。”

正是因为华为提倡员工能力与职位的匹配，使得华为内部的人员配置与职位配置形成了均衡态势，使得内部职能部门、内部员工之间的关系更均衡、更融洽，也让公司的薪酬体系、考核体系变得更合理。能力和职位的匹配关系为华为人力资源的效率最大化提供了最基本的保障，也为华为的良性发展奠定了基础。

第九章 Chapter 9

企业文化推动企业飞跃

企业要获得快速发展，首先必须拥有一位优秀的企业家，他的能力和智慧能够带领企业走上更快更高的发展道路。企业如果想要获得持续性的发展，那么仅仅依靠一位优秀企业家是远远不够的。支撑一个企业长久地运行下去，保持基业长青，就必须为企业打造出一整套完整的、科学的企业制度和企业文化，这些才是推动企业持续发展的根本动力。

The nature of the business

1. 思想权和文化权是企业最大的管理权

人类所占有的物质资源是有限的，总有一天，石油、煤炭、森林、铁矿……会被开采光，唯有知识会越来越多。中国是一个资源贫乏的国家，又人口众多，资源的人均占有量在世界上较少。当然，党中央已提出“科教兴国”，以此提高全民族的素质和基础，同时强调要深化管理，使知识产生价值，以创造民族的财富。以色列这个国家是我们学习的榜样，它说它什么都没有，只有一个脑袋。一个离散了廿个世纪的犹太民族在重返家园后，他们在资源严重贫乏、严重缺水的荒漠上创造了令人难以相信的奇迹。他们的资源就是聪明的脑袋，他们靠精神和文化的力量创造了世界奇迹。

——任正非

如何才能让一个企业实现长治久安、保持基业长青？这是很多企业家面临的问题，也是最大的问题。过去，很多企业认为只要依靠技术和资金或者人才，就可以长久地生存下去。对于全世界任何一个有着伟大历史的公司来说，它们的成功并非仅仅依靠技术、资金或者人才，而是丰厚的文化底蕴。正是企业文化确保企业能够在不同的环境中长久生存下去。对于管理者来说，打造健全的、合理的企业文化，营造良好的文化氛围，是企业管理工作的重中之重。

任正非有这样的认知："我们要研究推动华为前进的主要动力是什么，怎么使这些动力能长期稳定运行而又不断自我优化。大家越来越明白，促使核动力、油动力、煤动力、电动力、沼气动力……一同努力的源泉，是企业的核心价值观。"这个核心价值观就是企业文化的一部分，企业文化才是企业发展不可或缺的推动力，因为"资源是会枯竭的，唯有文化才会生生不息"。

任正非曾经带领团队去阿联酋和以色列进行考察，发现这两个国家都善于将自己的经济优势转化为文化优势。比如，阿联酋虽然位于沙漠之中，可是他们打造出了世界上最漂亮的城市。阿联酋人在沙漠里用淡化海水浇灌花草，用石油换取的外汇建造最漂亮的房子。以色列也是一样，整个国家尽管受困于地理位置的限制，可是国家一点也不贫困，它的军事、经济、科学技术比世界上很多国家都好得多。任正非感慨地说："与以色列相比，我们的自然资源不知要好多少倍。以色列能在一亩地上产35吨西红柿，我们如果能每亩生产3.5吨就已经很了不起了。"这种差距并不是简单的技术差别，而是一种文化。以色列人打造了非常出色的文化，并因此获得世界的认可，长时间保持竞争的优势。

因此，任正非一直非常重视企业文化的打造，并认为"思想权和文化权是企业最大的管理权"，要从一个更高的层次上来理解企业管理。

那么，华为究竟如何抓住这个最大的管理权呢？

企业文化由于主要来源于过去的经验，因此任正非建议华为人应该从过去二十多年所取得的成功和挫折经历中，总结华为在人力资源管理方面的价值观、思想方法和管理原则，并以此为依据，识别出“那些未来能够支撑华为长期成功的人力资源管理的关键要素，以及那些未来可能导致华为走向失败的潜在风险”。华为人必须将自己过去积累的管理哲学进行宣传和扩散，使之深入人心，最终成为一个文化现象，并依靠这些文化引导未来接班人更好地为公司奋斗。

多年来，华为打造了丰富的企业文化，依靠企业文化管理企业、引导工作，可以说文化成了华为管理中的一个重要组成部分。从本质来说，企业文化是企业发展的根基，是管理者在管理企业的过程中提出来的，是约束和倡导企业员工的行为。这种约束性证明了企业文化的打造和传播需要以制度来规范，为此，华为制定了《华为基本法》，还制定了各种制度。如任正非在提拔干部时制定了一个基本标准，就是要求领导干部要有自我提升的能力，能很快适应企业的文化。在他看来，一个干部只有了解和适应了企业文化才能更好地进行管理。在打造艰苦奋斗的企业文化时，他也是通过绩效考核与各种奖励制度保障文化的传承。华为的制度为华为文化提供了强有力的支撑，使之变成生长在大地上有活力的文化。

制度虽确保了企业文化进一步定型和传播，但企业文化除了需要横向传播，还需要纵向的传承。换言之，为了让管理权能够随着企业的发展长久地发挥出应有的效力，需要让它不断传承下去，而好的企业文化原本就经得起时间的考验。华为认为，企业文化不仅是当代管理者需要重视和把握的，也需要被接班人认可。这个接班人不是随随便便产生的，而应该是在公司核心价值观的约束下塑造出来的。只有在企业文化中塑造，才能认可和接受企业文化的存在，也才能让这些企业文化代代相传，这正是企业管理的一个重要组成部分。

2.《华为基本法》——华为人的基本法

我们在进行第二次创业活动，从企业家管理向职业化管理过渡。我们正在进行《基本法》的起草工作，《基本法》是华为在宏观上引导企业中长期发展的纲领性文件，是华为全体员工的心理契约。

——任正非

1995至2000年被认为是华为发展史上最重要的一段时间，这五年不仅是华为发展的黄金时代，而且还发生了一件对华为有着重要意义的事件，那就是《华为基本法》的制定。

在华为的发展史上，《华为基本法》的地位和影响力都非同一般。它既是华为进行各项经营管理工作的纲领性文件，又是公司制定各项具体管理制度的依据。实际上，《华为基本法》可以称得上是中国第一部总结企业战略、价值观和经营管理原则的“宪法”，对于所有的中国企业都具有划时代的示范意义。

《华为基本法》是如何出现的？有什么样的背景？为什么一个简单

的规章制度会成为人人必须遵守的基本法则？

《华为基本法》的出现是华为企业历史发展的产物，它的出现、完善以及存在的价值都和华为的发展息息相关。在1994年，华为推出了C&C08数字程控交换机，第一次真正意义上获得了成功。华为从一穷二白的状态迅速成为国产厂商的佼佼者，这也为华为未来的高速发展奠定了坚实的基础。随着企业规模的扩大、营业额的不断增加，华为在扩张的道路上开始出现乏力现象。任正非敏锐地意识到员工的工作积极性和兴趣都在下降，内部沟通也出现了严重问题。于是，任正非将目光放在了管理上，而员工仍将焦点放在研发和生产上，双方一下子失去了共同语言。

任正非一直都和员工一起奋斗，彼此非常了解，然而突然大家变得陌生起来，彼此有了很大隔阂。为了解决这个问题，任正非在华为开展了一场以“华为兴亡，我的责任”为主题的管理大讨论。他当时的想法很简单，就是讨论如何融洽高、中、基层之间的关系，促进员工之间的交流。但这一次的大讨论不仅没有达到这个目的，还暴露了更多的问题和矛盾。

失落的任正非对此进行了深入分析，发现之所以会存在这些问题，主要原因在于三个方面：首先，多年来的高薪水、高福利已经严重消磨了员工的进取心和积极性，多数人都存在工作动力不足的问题。其次，管理层的管理水平低下，已经开始阻碍企业向前发展。第三，企业文化建设不力，内部缺乏统一的文化基因，以至于管理者和员工之间难以保持一致的步调。

找到原因之后，任正非开始寻求问题的解决之道。最终，他遇到了正在华为做培训的中国人民大学的几位教授，教授们答应帮忙做管理咨询。那时，他们最先想到的是，在华为内部打造一套合理的营销体系。

随着咨询内容的扩展，营销体系逐渐延伸到人力资源、生产管理等领域，最终聚焦到企业文化和管理大纲上，任正非也觉得此时可以打造出一套完整的文化体系。由于当时国内并没有多少企业真正开展过企业文化建设，华为根本找不到经验可借鉴，唯一能做的就是自己摸索，想办法自成一套文化体系。华为成为业内第一个“吃螃蟹”的企业。

随着内容的不断丰富以及重心的不断偏移，华为成立了专门项目组，负责整理和提升华为管理大纲，任正非建议将这部内容极为丰富的管理大纲命名为《华为基本法》。此外，教授们和任正非一致认为，单纯的管理已经满足不了华为的发展需求，需要通过文化建设以及制度的改革实现规范化管理的目标。

在此基础上，华为明确了《华为基本法》的内容主要定位在华为的价值观体系和管理政策系统上，其中价值观是企业文化的核心内容，管理政策则涵盖了企业的决策系统、行为准则等内容。

任正非曾做过一个总结和解释：“华为走过的十年是曲折崎岖的十年，教训多于经验，在失败中探寻到前进的微光，不屈不挠、艰难困苦地走过了第一次创业的历史阶段。这些宝贵的失败教训与不可以完全放大的经验，都是第二次创业宝贵的精神食粮。当我们第二次创业、走向规模化经营的时候，面对的是国际强手，他们有许多十分宝贵的经营思想与理论可以供我们学习参考。如何将我们十年宝贵而痛苦的积累与探索在吸收业界最佳的思想与方法后再提升一步，成为指导我们前进的理论，以避免陷入经验主义，这是我们制定‘公司基本法’的基本立场。”

《华为基本法》制定之后的确在华为的内部起到了很大的指导作用。有了明确的企业文化，华为对自身的发展进行了梳理，不仅认清了自身存在的问题，而且开始谋求转变，企业开始运用科学管理的方式以取代过去的人性管理模式。更重要的是，华为开始主动学习，引入先进的制度和流程，逐步实现了与国际企业的接轨。同时从外部环境来说，作为中国企业第一部真正有影响力的企业文化大纲，它很快在业界迅速传播，并被当成企业文化的启蒙读本，在中国企业的企业文化建设进程中发挥了重要作用。

3. 诚信制度是企业长久发展的重要保障

在华为，物质文明和精神文明是并存的。企业的发展不能以利益来驱动，君子取之以道，小人趋之于利，以物质利益为基准是建立不起强大的队伍的，也是不能长久的。农民革命、个体户、一些小公司的经营行为都是以利益为驱动，这都是不能长久的。所以必须使员工的目标远大化，使员工感到他的奋斗与祖国的前途、民族的命运是连在一起的。为伟大祖国的繁荣昌盛、为中华民族的振兴、为自己与家人的幸福而努力奋斗。我们提倡精神文明，但我们常用物质文明去巩固。这就是我们说的两部“发动机”，一部为国家，一部为自己。

——任正非《华为的红旗到底能打多久》

什么是管理，该如何进行管理，是一个非常宽泛的话题。不同的人会有不同的理解，不同的企业会有不同的管理方式。在多数人看来，管理是一个非常复杂的过程，他们也常常将管理弄得很复杂，毕竟要牵涉工作的各个方面，牵涉企业内部的各个部门，管理本身就需要经过一系列非常复杂的过程。

尽管华为在管理方面走了不少弯路，耗费了巨大的精力，但是任正非始终将管理简单化，并且认为管理应该从简单做起，用简单的方式来领导和控制相关的资源，尤其是对中小企业，更应如此。他曾经说过："不要将管理复杂化了。小公司只有一条管理内容，就是诚信，没有其他。只要你对待客户如宗教般虔诚，就像磨豆腐，一天天好好磨，终有一天你会得到大家的认同。中小企业还想有方法、商道、思想？我说没有，你不要想得太复杂了。你就盯着客户，就有希望。要诚信，品牌的根本核心就是诚信。你只要诚信，终有一天客户会理解你的。"

在这里，任正非将诚信当成了管理的一个重心和目的，并认为品牌的根本核心就是诚信，华为一直以来也是坚持这样的管理原则。在华为的发展过程中，任正非一直以美国为学习榜样，以美国人一些出色的想法和行为来教育华为人。比如，任正非对西点军校的教育模式和管理模式大加赞赏，要求华为的干部学习美国军官的荣誉准则："第一，我们绝不说谎。第二，我们绝不欺骗。第三，我们绝不偷窃。第四，也绝不允许我们当中任何人这样做。"

"绝不说谎"体现了华为人最基本的职业素养。在工作中，华为人始终坚持实话实说、有话直说的原则。任正非向来是这样做的，只要他觉得别人做得不好，就一定会当面提出批评；只要他觉得对方做得不错，也一定会及时提出表扬。他不喜欢说空话，说谎话。

"绝不欺骗"是华为人坚守的商业法则。对他们来说，任何一次合作、任何一次交易都应本着坦诚的原则，不能相互欺瞒。华为人在营销时从来不掩饰产品中存在的缺陷，即使这些缺陷并没有影响产品的正常使用，他们还是坦诚地对客户和消费者说明这些缺陷。如果因为上游供货商提供的元器件出现质量问题，华为也不推卸责任，而是非常负责地帮客户更换所有产品。对华为而言，客户就是上帝，就是一切，时刻都必须对客户负责。

华为多年来一直严格把控好产品的质量关，因为质量是华为生存的基石，也是用户和客户选择华为的理由。华为人要对自己的产品负责，他们将质量当成品牌诚信之本，甚至将产品质量放到战略高度加以重视。

“绝不偷窃”更是华为人一直在严格自我要求的法则。对于华为人来说，技术上可能落后于别人，但绝对不能因此盗用别人的技术专利。多年来华为一直重视知识产权，不仅自觉遵守国际有关知识产权保护的相关条例，也尊重他人的知识产权，始终以开放、积极友好的态度遵守和运用国际知识产权规则，通过协商谈判、交叉许可、产品合作等多种途径解决知识产权问题。此外，华为也一直呼吁其他公司一起保护知识产权，而对恶意的知识产权侵权行为，华为会通过司法程序维护自身的权益。

“也绝不允许我们当中任何人这样做”，实际上强调了华为讲究诚信、追求诚信的立场。任正非要求每一个华为人都要坚守这些原则，要诚信待人，不能因此破坏公司的形象，不能影响公司的声誉。华为始终恪守商业道德，坚持诚信经营的原则，不仅要求员工守住不说谎、不欺骗、不偷窃的基本原则，而且杜绝和反对一切贿赂和腐败行为。2014年，华为继续强化落实管控机制，要求全球员工遵守《华为员工商业行为准则》，并且每年进行全员培训。

与此同时，华为要求所有合作伙伴、供应商签署反贿赂的诚信廉洁协议。比如，在《华为合作伙伴行为准则》中有这样一条规定：“禁止合作伙伴通过虚假项目、虚增客户需求、阴阳合同以及提供虚假签收单、虚假验收单等方式协助华为员工确认虚假收入、提前确认收入、故意延迟确认收入等。禁止合作伙伴通过任何形式伪造华为印章和公文函件。”华为不希望合作伙伴违反诚信原则，从而破坏自己的形象，影响自己的市场业务。

为了彻底落实好诚信制度，华为还在内部建立了诚信档案，每个人的信用记录都会登记在册。公司还制定了一系列诚信违规的制度条例，将诚信法则制度化，以便整顿公司内部风气。有一次，一位华为主管的妻子在小区里无意中说了一些有损自身诚信的话，这些话很快被传开了。不久，该主管便受到了公司内部的通告批评，还受到了诚信档案降级处分。对合作伙伴，华为也有相应的档案记录，如果对方的诚信有问题，那么华为将终止与对方合作。

华为一直都在进行诚信教育，并将诚信纳入企业的制度中，通过制度进行约束和管理，因此收到了很好的效果。华为就此打造出自己的诚信品牌，在国际上也深受尊重。在华为流传着这样一个故事：据说有个刚刚接受培训的华为新员工，想要在一家影像店租赁一部价值上千元的DV器材，由于没有足够的现金支付租金，他只好央求老板通融一下，可老板无论如何就是不同意。不过当老板得知对方是华为员工时，态度立刻发生转变，很爽快地将器材租给他，而且没有收一分钱押金，甚至不需要他用身份证来抵押。对老板而言，华为就是最好的信用招牌。

4. 狼性文化中的人文情怀

> 那些在前线投标、进行高强度作业、压力太大的华为员工，可以短时间到海滨去度假，费用由公司支付；一些工作强度太大、短时间身体不太好的员工，可以临时拉去五星级酒店缓冲一下。
>
> ——任正非

一提起华为，很多人首先想到的就是狼性文化、军事化管理；还有一些人将华为称为缺乏人性的血汗工厂。真正了解华为之后你就会发现，这个以艰苦奋斗、加班文化、严格的管理制度为主的企业，实际上不乏人性化的一面。作为公司最高的领导者，任正非自然知道该如何去平衡好自己的管理，懂得仅仅依靠命令、依靠物质奖励无法打造一支具有超强战斗力的队伍。一个好的企业、一支好的团队不是单纯依靠利益来驱动，也不是依靠冷冰冰的制度来驱动，关键还要加入一些情感因素，好的队伍必须具有浓烈的感情。

关于这一点，任正非从创业之初就已经想到了。那时候华为员工为了尽快生产出好的产品、尽快实现盈利，不得不每天没日没夜地加班。

任正非虽然自己也坚持加班，但看着下属一个个放弃在家休息的时间来公司熬夜，心里非常过意不去。为了尽量给予补偿，任正非只能尽一些绵薄之力。那段时间，他担心员工挨饿，常常出去帮加班的员工买夜宵；担心员工晚了回去不方便，就亲自出去帮员工叫车；尽管公司的经济情况不宽裕，任正非还是特意给研发部门的经理发放了一笔经费，规定他每周都要拿着这笔经费请下属吃饭。任正非的小小举动并不起眼，员工却切身感受到了尊重和关怀。他们愿意拼命工作，哪怕任正非经常拖欠工资，他们也不离不弃。

任正非说，每一个华为员工都值得重视、值得关怀、值得被保护，领导必须将员工真正放在心上。1997年，华为市场部秘书处主任杨琳在海南旅游时因车祸遇难。任正非非常紧张，他立即委派副总裁飞往海南处理善后事宜，并号召所有员工一起悼念自己的同事。

之后，任正非专门为杨琳撰写悼念文章，并在《悼念杨琳》一文里深情地写道："华为的光辉是由数千微小的萤火虫点燃的。萤火虫拼命发光的时候，并不考虑别人是否看清了它的脸，光是否是它发出的。没有人的时候，它们仍在发光，保持了华为的光辉与品牌。默默无闻、毫不计较，它们在消耗自己的青春、健康和生命。华为是由无数无名英雄组成的，而且无数的无名英雄还要继续涌入，他们已在创造历史——华为的光辉历史，我们永远不要忘记他们。当我们产品覆盖全球时，我们要纪念这些为华为的发展贡献了青春与热血的'萤火虫'。"他通过这篇文章向杨琳表示了崇高的敬意，也借此向华为的工作者表示了敬意。这篇文章在华为内部火速传播开来，大家被任正非的真诚感动。

也正是因为这件事，任正非开始更加密切地关注员工的工作和生活，也要求管理者经常关心员工的工作和健康。他认为，那些为华为做出牺牲和贡献的员工，那些在岗位上始终保持艰苦奋斗作风的员工，应该得到更好的照顾和重视，而这不能仅仅靠发工资，真正的关注还需要体现在情感上，给予员工更多的体贴和关怀。

这正是华为“以人为本”“以奋斗者为本”的思想的重要体现。对于华为来说，人力资源始终是最重要的资源，员工始终是公司最重要的财富，因此必须在物质和精神上满足员工的需求，在工作和生活上给予员工更多的帮助，要及时帮他们解决各种困难，而不能仅仅将员工当成谋利的工具。

比如，随着华为的不断扩张，员工的压力越来越大，一些员工由于长期处于封闭的高压状态，出现了抑郁症。任正非了解情况后不敢有丝毫懈怠，亲自写信慰问和开导这些员工。在信的开头，任正非忧虑地表示：“华为不断有员工自杀与自残，而且员工中患忧郁症、焦虑症的人数不断增多，令人十分担心。有什么办法可以让员工积极、开放、正派地面对人生？我思考再三，不得其解。”当然他还是提供了一些建议，尽量帮助他们克服心理魔障，鼓励他们尽快从抑郁症中回归正常。不仅如此，他还特意开展了座谈会，在会上和华为的员工一起分享了自己患抑郁症的经历以及克服抑郁的方法。

很多员工私底下认为，任正非平时那么忙，根本不可能有时间关心这些鸡毛蒜皮的小事，写信和开会不过是做做样子拉拢人心。不久，他们就发现自己的邮箱中常常会收到公司高层的邮件。邮件的内容很简单，就是提醒员工要注意劳逸结合，注意身体健康以及交通安全。如今，这些提醒一直坚持下来，可见不是短时间内的作秀。

他们很快还发现，华为内部新成立了一个荣誉部。公司专门聘用了一些德高望重的老教授对员工进行心理辅导，员工如果感觉心理有问题或者感到压抑，可以及时去荣誉部进行检查和调节。这个部门几乎成了华为的心理调节中心，为员工调节心情、舒缓压力提供了很大帮助，有效地减少了抑郁症的发生。

随着生活节奏、工作节奏的加快，社会竞争变得越来越激烈，很多职场人士都处于亚健康状态，患有心理疾病的人不在少数，这些心理问题常常是影响员工身体健康的重要因素。在国内的民营企业中，很少有企业会关注员工的心理问题，也没有多少企业会像华为一样专门设定一个心理治疗中心。

也许很多人觉得这不过是一些小细节，但很多时候恰恰是这些小细节最能体现出一个公司对员工的负责态度，最能体现出一个公司的文化氛围和人文情怀。

5. “只有不要脸的人，才能获得成功”

我曾经讲过，世界上只有不要面子的人才会成功。孔子就是一个“不要面子”的人，他说：“三人行，必有我师焉。”这句话前面没有加定语，没有说是三个优秀的人，有可能还是三个放牛娃。放牛娃怎么可以做老师？所以说，孔子是典型的不要面子的人，他愿意向任何人请教。

——任正非

美国传教士亚瑟·史密斯曾经写过一本《面子生存法则》，在书中，亚瑟·史密斯重点讲述中国人对于面子的执着以及中国式面子的秘密。在中国的人际关系中，如果能够在求人办事时顾全别人的面子，那么办事就容易得多。那些关注和重视他人面子的人，往往更容易受到别人的欢迎。正因为如此，很多中国人都喜欢做一些面子工程，并以此作为人际关系的重点。

虽然面子有时候会带来很多便利，但是过分看重面子会成为个人发展的负担和障碍。对创业者和企业家来说，面子很可能是最不值钱的东西，可能是创业过程中最大的一个阻碍。任正非有一句名言：“只有不要脸的人，才能获得成功。”这里的“不要脸”并不是要让创业者违背诚信、坑蒙拐骗，而是让创业者和企业家放下偶像包袱，放下高人一等的姿态，不把面子看得太重，不将面子当成个人的标签和形象代言产品。

和那些衣着光鲜经常出现在媒体镜头面前的企业家不同，任正非很少关注个人形象。有人在机场看见他穿着朴素，完全就是一个不起眼的“路人甲”。任正非也是一个谦虚低调的人，不会像有些企业家为了彰显高大的个人形象而犯一些“贵族病”：明明不懂，却要装懂；明明犯了错，却一直在掩饰；明明什么也不会，却害怕向别人请教；明明能力不够，却不肯轻易认输。任正非在这方面显得非常诚实，他对自己的能力心中有数，自己明白的东西他会说出来，不明白的就及时向他人请教。

华为也是一个非常实在的企业，不喜欢花里胡哨的东西，也不喜欢弄虚作假。在华为人眼里，工作中最重要的是达到目标，是为了创造工作的价值和利润，只要有利于企业的发展、有利于改善企业发展中遇到的问题，那么就不要过分在意个人形象，不要被一些面子问题所牵绊。

如今，华为已经成了国际通信市场的重要力量，但它没有因此骄傲自满，反而放下大企业心态向其他对手学习。如果说过去向他人学习是因为弱小，那么如今强大了为什么还要低下高傲的头呢？华为内部有些人曾经对任正非的行为表示不理解，他们觉得华为要拿出大企业应该有的气质，不能还像过去一样。可是在任正非看来，华为的强大只是某些领域内的强大，不是全方位的强大，华为并没有在所有领域超越对手，尤其是一些有着数十年发展历史的企业，它们的技术和经验都比华为更好，华为没有任何理由骄傲。只有放下“大企业”“一把手”的心态，放下所谓的面子和尊严，努力向别人学习，才能真正提高自己，真正改正自己的缺点。对任正非来说，对手不分强弱，只要对方具备某些优点，只要对方能够带来帮助，那么华为就应该降低姿态去“取经”。

面子永远都是虚的。过于重视面子的人往往不知进取，不懂得实事求是，能做的不去做，不能做的偏偏要逞强，这样的人难以办成实事。任正非号召所有的华为人都要放下思想包袱，尤其是管理者，更应如此。过去，很多下放和岗位调动的管理人员会不自觉地将工作划分三六九等，总觉得自己天生就是做管理的料，因此不喜欢也不想做基础性的工作，不想深入基层，不愿成天和那些基层员工打交道。

任正非对此有很大的意见，他觉得工作职位虽然不均等，但劳动是均等的、光荣的，任何人都不能有“职位高、工作好，就高人一等”的想法，也不能觉得下放到基层是一件很丢脸的事。他不希望那些管理者在基层锻炼时还将双手插在裤兜里，或者泡着咖啡在一旁指手画脚。他曾明确规定，任何人想要晋升就一定要到基层接受锻炼，有一部分原因正在于此。他希望通过基层对人的磨炼，打磨掉管理者的傲气和本位思想。

在面对客户的时候，更要如此。任正非希望每个人都能将客户当成上帝来对待，认真服务于顾客。华为当初实施“农村包围城市”的战略时，为了尽可能开拓农村市场，尽量在小城市站稳脚跟，任正非常常亲自出马寻找客户与合作伙伴，哪怕客户再小，他也从来都保持尊重的姿态。有的员工认为任正非根本不用亲自去谈判，身为一个企业的领导人应该注重自己的身份和形象。至于一些不那么重要的客户，只要交给手下的人去办就可以了，免得在谈判时受气。

任正非却从来没有这么想过，他根本不在乎身份和地位，只要公司有需要，他就亲自出面解决问题；只要能为公司带来足够多的利益，他就不在乎自己是否受到了冷落，是否遭到别人的奚落。从经济学的角度来说，那些面子根本不值钱，所谓的尊严也没有任何经济价值，相反，放下那些包袱，反而有助于企业的发展。

当华为坐拥几千亿的资产、占据了世界通信设备市场头把交椅后，仍旧保持非常谦卑的姿态。任正非不仅自己尊重客户，还要求每一个华为人都要将客户放在心上。平时要完善自己的服务制度，不能觉得自己很强大就故意怠慢客户，也不能因为自己足够强大就等着客户排队见自己。任正非说过，只要有业务，华为人就必须在第一时间主动联系客户，让客户感受到他们是受人尊重和重视的。

对任正非而言，公司内部没有任何人是特殊的，无论是管理者还是员工。大家都不要想有特权，也不要有特权意识和优越感，因此别把面子看得太重。从公司外部来说，华为要想赢得更多的尊重，要想获得更多的利益，同样不能高高在上，不能有轻视别人的想法。正因为他一直主张放下自尊和面子，才能确保华为始终保持强大的战斗力，不断获得进步和发展。

6. 坚持艰苦朴素的作风

> 我们不是什么富裕阶级。有的主管已经把自己当作富人，带动了整个地区部的消费水平急剧上升，结果搞行政服务的人就有13个。人增加了，就要给这些人增加服务；增加了服务人员，还要给这些服务人员增加服务。这样做的结果使得大家都比赛，没有好的生活条件就不出国了。因此，选拔干部的过程中还是要看思想品德中有没有艰苦奋斗的精神，我要的是敢于在上甘岭爬冰卧雪的人，我才能提拔你为将军。将军当然要能打仗，但只能在爬冰卧雪中去培养。不愿意爬冰卧雪的，我们就不认同，就不给你这个机会。
>
> ——任正非《冬天论》

在高速发展的那段时间，华为取得了很大成就，从一个默默无闻的国内小企业一跃成了国际市场上的生力军。不过，华为的发展同样暴露出了很大的问题，尤其是管理方面的滞后。管理滞后带来的是资源的浪费、成本的增加。任正非曾经做过调查，发现华为的成本比国外很多企业高出很多，对于准备进军国际市场的华为来说，这并不是一个好消息。换句话说，如果华为想要保持更多的竞争优势，想要在竞争激烈的国际环境中生存下去，就一定要懂得提高效率、降低成本，多省出一分钱就有一分钱的胜算。

为了合理控制成本，一方面，任正非建议企业要提升工作效率，通过更高的效率来降低成本。另一方面，任正非重点抓差旅费和办公费用的监控，他觉得很多不必要的开销以及成本浪费就出现在这两个项目上。有一次，任正非看了公司前一年的财务报表，发现办公费用和差旅费用的增长率均远远高于收入的增长率。也就是说，员工在办公当中的投入越来越多，出差的频率越来越高，可是工作业绩的增长并不明显。他非常忧虑地表示，华为已经成为运作成本高的公司。

这种高成本的状态与华为当时面临的竞争压力是极不相称的，他坚决要求公司一定要将这些开销降下来，要杜绝大手大脚花钱的不良习性，要尽量保持俭朴。当然，降费用并不意味着少投入、少出差，而是把费用合理有效地控制好。

任正非认为，华为原本就是一个从艰苦环境中壮大起来的企业，不能因为现在有点钱了就胡乱开销，不能因为发展有了起色就可以安然地享受物质生活。由于竞争越来越激烈，华为所面临的困难越来越多，也需要越来越多的资本来支撑企业的运转。如果这时候把钱不当钱看，那么华为的发展就会进入死胡同。

2006年，任正非再次强调了勤俭节约的重要性。他提醒员工注意一点："我们现在面临着很困难的局面。全行业毛利率下降，客户对价格有完全的话语权，说降价我们就只能降价，即使送也很难，一些业界喊得很响的战略市场几乎没希望赚到钱。所以我们不能被销售规模的增长迷惑，以为形势一片大好，其实近几年的经营性净利润率在不断下降，去年已低于8%。鉴于研发、市场必须持续高投入的行业特点，经营性净利润率低于6%就很难支撑了。现在这个盈利水平，我说给客户听，他们都表示吃惊。如果我们现在还不学会勤俭节约，将来的日子是过不下去的。”

为了规范员工的行为，任正非还提出了一个办法，将公司的费用降低，与奖金联系在一起。他规定：“总体费用的增长率不能超过公司收入的增长率，总体费用率要在去年的基础上下降1~2个百分点。”一旦这些目标不能达成，公司的费用就降不下去，那么公司全体员工的奖金就要打折扣。

这种方式尽管一开始引发了一些人的抵触情绪，但的确有效遏制了一些不必要的成本消耗，为企业节省了一大笔钱。通过节省，员工最终也获得了更多的报酬和奖金。为了让员工养成一种节俭的习惯，任正非特意将节俭文化的宣传融入管理的细节中，如在华为的很多部门都贴有“下班之前过五关”的卡通画，这是在提醒员工下班之前别忘记关灯、关电脑、关门窗等。尽管只是一些小细节，但华为经过统计发现，通过培养这些好习惯，华为每个月光电费就可以节省几十万元。

而员工也逐渐变得越来越自觉。比如，每月月初，员工会主动把电话账单中的私人电话划出来，将这些私人的电话费从员工工资中扣除。这样一来，公司的通信费就得到了有效控制，而且没有人为此感到不满。

不过，有些人虽然认可艰苦朴素的美德，但总觉得华为作为一家大公司不应该过于斤斤计较。可是对任正非而言，任何铺张浪费都是不被允许的，且不说华为的发展是从一穷二白的困境中开始的，即使华为很有钱也不能胡乱花钱。成本控制原本就是企业管理的重要课题，关乎企业生死存亡，丝毫马虎不得，所以勤俭节约一定要从小事做起。

任正非希望公司变得更有钱，又担心公司变得有钱。这看起来是一个悖论，实际上体现出了一个企业家最朴素的理念。企业需要更多的资金来支撑发展和扩张之路，因此钱越多越好。但是人往往都有惰性，都倾向于享受美好的生活，一旦员工变得更加有钱，就可能因为过分追求物质生活享受而失掉艰苦朴素的作风，可能会把钱当成享乐的工具而肆意挥霍，不仅给企业带来更大的消耗，也会影响员工的工作状态和斗志。为此，任正非一直强调一定要注意节约，这是艰苦奋斗的一个重要组成部分。

为了给员工做一个好榜样，任正非非常节俭，办公条件和其他人没什么两样，内部装修也不豪华。出门在外不安排专车，尽量给公司减少开支。1996年3月，为了和南斯拉夫洽谈合资项目，任正非亲自率领一个十几人的团队前往贝尔格莱德。有人安排任正非入住贝尔格莱德的一家五星级酒店。为了谈判时更加体面，他们还特意为任正非开了一间总统套房，每天的房费将近2000美元。任正非精打细算，把总统套房的几个房间充分利用起来，十几个人一起挤在房间里，每天晚上打地铺睡觉。

有人觉得任正非很抠门，但这正是一个企业家难能可贵之处。他出生于一个贫困家庭、一个贫困时代，那时一家人连饭也吃不饱，平时有一个白面馒头吃就非常知足了，不敢胡乱花钱，不敢随意浪费。那种艰难的生活让任正非印象深刻，也养成了节俭的好习惯，对他来说，任何时候都不能忘本，都要把艰苦朴素的精神传承下去。

7. 享受生活，保持快乐

有机会去北京，可以去景山公园看看。从西门进去，那儿是一片歌的海洋，热闹得像海啸一样奔放。这些都是垂暮之年的老人，几十人一组、几百人一团，在一起放声歌唱，多么乐观、多么豁达！看看他们的夕阳红，你为什么不等到那一天？

——任正非

任正非曾经对员工说过："进了华为就等于进了坟墓。"并对此进行了解释："有一篇文章叫《硅谷：生机盎然的坟场》，讲美国高科技企业集中地——硅谷的艰苦创业、创新者们的故事，它"埋葬"了一代又一代的优秀儿女，才构建了硅谷今天的繁荣。华为也是这样的企业，也是无数热血儿女贡献了青春与热血才造就了今天的华为。现在再来想一想，马克思说的'在科学的入口处就是地狱的入口处'，对其深刻的内涵会多一些理解。要扎实地做好一项工作，其艰难性是不可想象的。要突破艰难险阻才会有成就。任何做出努力、做出贡献的人，都是消耗其无限的生命才创造了有限的成功。华为要想追上西方公司，无论从哪方面看条件都不具备，而且有些条件可能根本不会达到，因此，只能多付出一些无限的生命。高层领导为此损害了健康，后来人又前仆后继、英勇无比。成功的背后是什么？就是牺牲。”

在那个时候，华为仍旧处于追赶者的地位，为了生存、为了提升市场竞争力不得不更投入、更关注。华为提到更多的是一些诸如“艰苦奋斗”“加班”“付出”“贡献”等词语，任正非也号召员工更加专注地对待自己的工作，甚至戏言员工最好离婚，这样就能全身心地投入工作中来。

随着华为的发展，过度投入工作也带来一些负面效应，最明显的就是身体健康。由于长时间处于高压状态下，员工承受了巨大的心理压力，甚至出现了员工自杀这样的极端事件。任正非非常痛心，觉得有必要帮助员工走出工作的误区。他觉得工作和生活其实并不是完全冲突的，在两者之间，员工完全可以实现均衡合理的分配。他们在享受工作带来的充实感和成就感时，也要懂得享受生活带来的轻松自在与多姿多彩。

任正非注意到，华为的员工在工作中是“拼命三郎”，在生活上却显得有些木讷。华为人最大的优点是能挣钱，会挣大钱，最大的缺点是不会花钱，不知道用钱来提高生活质量。员工平时不注意打扮，穿得很普通，甚至和女朋友逛街也不知道该如何穿得体面些，更不知道该为女友买些什么东西。

虽然在工作中任正非倡导节俭，严于律己，以身作则，但是在生活中，任正非教育员工们要敢于花钱，敢于花大钱，挣钱的最大乐趣就是花掉它而不是存着，因为挣钱就是为了提高生活水平、提升生活质量，就是为了更好地享受生活中的各种乐趣。以挣钱为目的的生活是悲哀的，是成为守财奴，成为只会挣钱不懂花钱的生活白痴。他对员工说：“带着全家出国旅游去，体会到劳动光荣。有钱了，带着全家出去玩，就会有这种感慨，终于感到劳动是光荣的。”

他知道华为员工可能不会那么做，因此干脆每年组织安排一批人出去度假，让大家去各地的风景名胜区游玩。任正非同时也放宽了限制，员工没必要和过去一样天天待在公司里上班、加班，在不影响工作的前提下，可以抽空去各地方旅游，自由安排自己的业余时间。

这样做的目的不是要让员工一定要养成出去旅游的习惯，而是要培养员工享受生活、享受人生的思想境界，提升员工的生活觉悟。平时工作的时候全身心地投入，一旦有了空闲完全可以投入生活的怀抱，安然享受生活的轻松和快乐。

其实，华为一直倡导员工自觉自愿、自我娱乐，参与各种社会活动。在任正非看来，员工要懂得苦中作乐，要懂得以更加豁达的心态面对生活，善于发现和享受生活中的美好。即便是在创业初期，很多人也懂得忙里偷闲放松一下自己。像费敏、徐直军等人过去经常会在周末的夜晚聚在一起聊天，一大批人坐在一起喝茶，谈一谈生活、谈一谈业务、谈一谈未来，彼此开开玩笑、畅谈心事，以此排遣工作的压力和生活的枯燥寂寞。这种简单的茶话会是当时华为人排遣压力和苦闷的一个重要方式，也成了华为最初一批奋斗者共同的美好回忆。

任正非说过奋斗并不一定就是艰苦的，奋斗中还有乐趣，生活中也还有很多乐趣，员工应该懂得去寻找和体味这些乐趣。既不能因为拿着高工资而耽于享乐、放弃进取，也不能一味追求金钱而忽略生活中那些美好的东西。享受生活，把握当下，是每一个华为人都应该有的觉悟，享受生活不仅不会影响正常的工作，反而会提升工作的效率。因为员工可以在享乐的时候放松心态，缓解压力，以一种更加轻松惬意的姿态去面对工作。生活中的种种美好享受同样会激发出员工的进取心，为了享受更好的生活，为了让自己和家人未来的生活变得更加美好，他们一定会在工作中更加投入和专注，一定会对工作产生更大的积极性。

8. 从细节处把握发展

行政长官在正向激励下属时，不仅要告知人人都有前途，更要告诉他们实现这些前途如何从小事做起。

——任正非

华为手机最近几年越来越受到市场的欢迎，在国内，它的品牌认可度也越来越高，甚至一度超过了苹果。如今，华为手机开始成为国际市场上最重要的品牌之一。不过华为手机的起步非常晚，这也使得它在研发的时候受到了诸多质疑。当时，外界普遍认为华为不应该盲目涉足手机行业，觉得此举可能会让华为陷入泥潭，甚至拖累整个华为的发展。一些内部人士也表达了相同的忧虑，毕竟华为在手机研发方面没有相关经验，而且当时的手机市场几乎被少数大公司所垄断，华为手机可能会成为市场竞争的牺牲品。

经过再三权衡，华为最终还是同意开辟手机业务。在此之前，华为已经进行了技术论证和市场论证，进行了相关的可行性研究论证。当然，华为手机要想进入市场并最终赢得消费者的认可和信任，还需要做得更好，无论是技术、价位、应用软件，还是服务水平，都需要得到提升。华为人还在这些要素中加入了一点：细节处理。

仔细对比华为手机与其他品牌的手机就会发现，同类型的手机中，华为的性价比是最高的，不论是技术还是价格都具备优势，而且华为手机在一些细节性上，设计非常符合消费者的需求。它的产品外观设计与一些重要的技术点都经过精心雕琢，充分考虑了用户的真实体验，非常人性化。

在华为手机进行宣传的时候，产品线总裁何刚就表示："我们本着工匠之心，不断地去把每一个细节做好，哪怕会慢一点，也要让消费者用到我们的优质产品。要用放眼全球的眼界定位华为的全球化发展之路。"他认为，现在大多数手机都是定位在影音、拍照、大屏的特点上，都有主打功能部分，华为过去也一直希望打造一些超级概念的产品，在技术上完全碾轧对手。经过多年的发展，他觉得华为还是应该将重点放在对细节的改进上，把握细节一样可以把握市场。正因为善于从细节入手，善于把握好细节，华为手机展示出一些与众不同的特质，这也让它在短时间内被更多的消费者认可。

不仅在手机业务上，在其他电信设备制造上，华为也始终坚持细节优先的原则，通过对细节的处理和打磨，打造更加优秀的产品，以便能够为更多的客户带来最基本的满足。比如，华为在研发4G通信设备的时候，为了率先抢占4G市场，工作团队一直日夜赶工。可是一段时间之后，华为发现市场上仍然有很多2G、3G的用户，这些用户不可能在短时间内使用4G信号，而且4G的推广和普及也需要一段时间。华为就一直在想：能不能在现有的基础上进行雕琢，做出一种融合2G、3G、4G三种无线通信制式的产品。这样就可以照顾到更多的消费者。

当时各大通信设备制造企业都在努力攻克4G技术，只有华为的研发团队注意到市场上的这个细节。经过一段时间的研究，华为最终推出了Single RAN这款产品。关于这个发明，很多技术专家都认为这是一个很“性感”的技术发明，因为在细节方面做了很多修改和提高，注重了对细节的研发，才设计出了这个具备在一个机柜内实现2G、3G、4G三种无线通信制式的融合功能，既迎合了各个阶段的消费者，同时在理论上又为客户节约了50%的建设成本，使用起来也非常环保。

华为的这种细节处理能力和意识受到了同行的一致称赞。有位国内企业家认为，华为是国内少数几家真正将细节做到位的企业。尽管华为还有一些地方有待完善，但是它所表现出来的那种态度和企业文化已经让人看到了它光明的发展前景。

华为是一个以客户为中心的企业，对技术上的细节非常重视，就是要更好地迎合市场需求。而在引以为傲的服务上，华为同样非常善于从细节入手。现在很多企业都认识到客户对自身的重要性，也愿意将客户的地位不断拔高，“客户就是上帝”几乎成了企业中最常见的口号，不过在具体实施的时候，很少有企业能够将这个口号落实到每一个细节上。

任正非一直非常重视客户，他强烈建议每一个华为人都要将服务客户的思想融入骨髓中去，同时还要在每一个细节中表现出来。比如，华为规定员工必须在响铃三次以内接电话；当客户上门时，必须立即起身；必须记住每一个客户的名字以及相关信息；客户来参观的时候，必须提前出门迎接，为客户安排好食宿。很多都是细节性的问题，也是大家在日常工作中容易忽略的东西。任正非一直在向员工强调并强化这一点，以此来打造最完善的服务体系。

实际上，在工作中，多数人都会陷入误区，认为自己应该去重视那些大事、把握那些大方向，他们更习惯从大局着眼来看待问题，应对自己的工作。他们却忽略了一点：任何一个工作，都是每一个细节拼凑出来的，正是这些小细节才构成了整体的工作。如果忽略细节，那么工作的整体效率必定会大打折扣。而华为要做的就是通过细节打造，实现整体的和谐和完美。

附录：任正非英国伦敦采访纪要

——2014年5月2日任正非在伦敦接受国际媒体采访

华尔街日报Amir Mizroch：您最近怎么样，伦敦一行感觉如何？从您个人平常的情况来看，一般旅行基本上是和生意相关的，还是说也会有一些时间去做一些休闲、观光？

任正非：最近伦敦一行，我们感觉很正常。我个人平时做的事情，生意相关和观光应该两者兼有。

BBC记者Rory Cellan-Jones：任先生，您在这边使用手机，会不会没有信心呢？是不是有可能有人会监听您的通话？

任正非：有人监听我的通话，应该在意料中。我没有什么交易秘密，也不怕别人听见。

BBC记者Rory Cellan-Jones：那再更严肃地问一下，最近几个月我们也听到了很多，特别是美国国安局的一些监听行为都曝光出来了。特别是针对华为，他们采取了一些具体的举措。对于这些，您如何评论，如何来应对？

任正非：美国的监听应该是意料之中的事情，只是被证明了而已，因此对我个人的心情没有任何影响。

我们和客户是在二三十年的往来中建立的认知，相信对客户也没有任何影响。我们的销售与利润也正常。这个事情不要反复被加强，不要被认为是很重要的问题，应该很快会过去。

金融时报Dan Thomas：您刚才提到，目前的这些监听行为是在意料之中，现在只是被证明而已。您具体是什么意思呢？是说您以前就知道这个情况，现在是真正地被证实？

任正非：以前我并不知道，但是我冥冥之中想到总会有人关心这些事情，只是一种感觉。我在公司其实是思想上的管理，我的思想总是要告诉任何人的，知道的人越多越好。我希望15万员工都能去读我的邮件，应该有相当一部分人是不读的。如果大家都不读，华为就会逐渐灭亡。幸亏华为还有少数人愿意读，他们成长的速度就会很快。我认为自己没有任何秘密，都是开放的，至少我的思想是开放在公司的网站上。

华为是一个对社会有价值、为社会做出贡献的公司，监听者如果认真去读，读明白了，传递给社会上的其他人，这也是我所期望的。

经济学人Ludwig Siegle：您说监听是在您的意料之中，但您肯定也有些东西是不想和大家去分享的。对于监听的这些人，他们的这些行为会不会对您造成困扰和担心？

任正非：华为之所以能进步到今天，与华为本身的开放有关。中国是有五千年文明历史的国家，为什么落后？就是因为不开放。邓小平所推动的改革开放，其实核心就是向西方学习开放。华为内部决策的绝大部分都开放在网上，这些内容不仅公司员工可以看到，整个社会都可以看到。我们的有些决策也遭到外部的批评，当别人批评的时候，我们知道决策有错误，就要纠正。

有什么东西不愿意与别人分享呢？我们在技术的方向和思想上是完全开放的，少量技术诀窍是没有开放的，这部分不开放的窍门也只是对一些企业有用，对国安局没有用。所以，我们没有担忧。

金融时报Dan Thomas：问题有两个部分。第一个，华为有没有加速华为内部网络安全体系的建设，从而去规避如在产品或设备里面植入设备的情况的出现。第二个是更广的问题，考虑到目前的局势，有没有可能中国市场在设备采购方面更多考虑国内的厂商而不是国际厂商？

任正非：第一个问题：（1）产品的安全问题。我们遵照世界各国法律，接受各个国家的监管，也努力使自己的产品和管理成熟起来，避免不安全的事件出现。（2）公司内部网络管理问题。过去保护圈太大了，我们把很多低端技术也划圈进来了，未来只会对高端核心技术加强安全保障，对低端技术更加开放，甚至开源，内部防范实质是增强了。

第二个问题：我们支持中国继续走开放改革的路线，继续融入全球化，就像西方用了我们大量设备，绝大多数西方国家并不认为我们的设备不安全。中国网络也应该使用大量的西方设备，是否安全，在于制度和管理，没有一样东西是自然安全的。我支持中国的网络还要继续开放。

路透社Jane Barrett：考虑到国安局这边的监听、泄密，美国不愿意让华为进入美国的市场。未来有没有可能美国让华为卖设备？华为对美国市场有没有采取一些措施？

任正非：我们渴望给美国人民提供服务，我们能够使美国网络健康发展，但基于目前的互相不信任，我们在美国的投资速度减慢了。

随着时间发展，人们对华为的了解会越来越多，比如欧洲等很多国家并没有排斥华为。我们要加快在这些友好国家的网络发展，加大对这些地区的投资。到2018年左右，华为的销售收入可能会达700亿~800亿美元，新增投资大量会投在英国和欧盟，当然也包括别的国家。我们要逐个解决与各个国家建立信任和互惠互利的机制。

英国近期成立的网络安全监管委员会，我们是坚决支持的，我们欢迎用监管的方式来对待华为。华为有4万多员工是外籍员工，华为的大量高端科学家都是西方科学家，相当多的管理层也是西方员工，如此发展，华为肯定对社会越来越透明，越来越让大家增强信任。短时间内，有个别国家不信任华为，但我相信这个历史总会过去。

大家都说我这个人不愿意见媒体，从而说公司很神秘，其实是我个人性格问题，不是其他原因。因为我个人比较羞涩，不愿意面对社会的荣誉，回避这些的时候就回避了媒体。所以我也慢慢走向开放，让大家看到我是什么样的人，从而让华为最后一点神秘的面纱被揭掉。

金融时报John Thornhill：现在这个行业很快从以硬件为主走向以软件为主。甚至有人说，软件会占据整个世界。现在还是看到有一些大公司转型是不够快的，比如说诺基亚就陷入了很大的困境。那在这一块，从硬件走向软件的过程当中，华为的转型做得怎么样?

任正非：华为今天还是一个硬件公司，未来也还会以硬件为主。转型太快，华为未必承受得了。华为坚信自己在纵向发展过程中，能提高对大数据流量的服务能力。我认为大数据流量是需要管道的，管道也是世界上很需要的东西，其实越来越难做，华为也就越来越能多挣一些钱。

目前华为的软件工程师占了整个工程师的80%，但这些软件工程师真正还是为硬件服务的。今天我们看到美国软件的进步，也会思考我们自己软件方面的改进。但我们公司如果转型太快，最后硬件和软件都将构不成优势。

旗帜晚报/独立报James Ashton：问一个关于公司股权结构的问题。您基本上是把原来自己的公司分给了员工，想问一下，为什么您要这么做。因为您要是不分的话，会成为一个非常有钱的人。另外，在股权方面下一步是怎么考虑的？外籍员工如何参与？第三个问题是，华为有没有可能考虑上市？

任正非：第一个问题，不是我把自己的股权分给了员工，让自己成不了大富翁。而是这么多员工团结奋斗，让公司成功了，大家一起来分享。这些创造者除了分享工资、奖金、福利，还分享了公司股权。

传统经济学中不断讲股东对未来长期富有信心，他们不谋求短期利益，这是讲义。真实的情况是，股东更谋求短期的收益，这就是西方公司后来落后于华为的原因。华为把股东、创造者绑在一起，形成长远眼光，不忙于套现，形成了战略力量，如此才造就了华为的今天。

华为不仅要使中国人国际化，华为更应该全球化，让世界优秀人员加入，一起领导华为。如果优秀人才进来，不能分享华为的长远利益，也是不利于华为成长的。这几年，我们试行了TUP配股制度，今年将全面推广到外籍骨干员工，所以刚才有信心地讲，2018年华为的销售收入有可能达到700亿~800亿美元。

华尔街日报Sam Schechner：只是再确认一下，股市是贪婪的，意味着华为不会上市？

任正非：华为也会是贪婪的，我们只是尽力抑制。我们在一段时间里不上市，但我们不能保证我们永远不上市。“永远不上市”这句话在逻辑上是不通的，因为生命不能永远，所以承诺不能永远。但至少在相当长的时间里，我们没有考虑这个问题。

华尔街日报Sam Schechner：您觉得您在目前的岗位上还会干多长时间？您的继任者有什么考虑？另外，您提到今天开这个会的目的是为了更好地交流、认识您这个人。您能否介绍一下您有什么爱好，平时休闲的时间都干些啥？

任正非：我现在在公司所处的位置是行使否决权，我没有决策权，这已经实施了很多年。现在由轮值CEO运作，效果良好，因此要继续努力去实践和改进。我拥有否决权，但我没有否决过，我想否决的时候就去和他们商量，把我的想法和大家一起磋商。没有和将来接班群体产生硬的对抗，总体还是比较和谐友好的。

每一个轮值CEO在独立执政期间完全是公司的一把手，现在他们已经有很大的独立承担能力。传统接班有几个缺点。一是强调把公司交给一个人，还是交给一个团队，要看哪一个的贡献大。二是人都有局限性，每个人对干部的认识都有偏好，如果他偏好重用一部分人，另一部分人就会离开公司，这些人可是公司用几十年的时间培养起来的，走了对公司是损失。如果这个CEO上来后不能担负起公司董事会所赋予的使命，董事会就免掉他的职务，再换一个新的CEO上来，他走的时候又会带走一批干部。如此循环换几次以后，公司就有可能走向消亡。华为实施轮值CEO制度以来，干部任用要集体评议，所以没有流失多少干部，公司利润一直在增长，而且比预期还要好。

我们的利润增长很快，有能力消耗在西方投资的高成本，这也是我们加大对英国和欧洲投资的原因。大家嫌欧洲人的工资太高，却没有看到他们的聪明。我们有钱，能为他的聪明买单，所以加大了在英国和欧洲等地区的投资。

我个人除了工作外，好像没有什么爱好。小时候家里穷，除了读书做作业，其他爱好都没有形成，连喝酒抽烟都不会。长大后，这些习惯就被固化了。总体来讲，我的生活还是比较单调的。

经济学人Patrick Lane：华为目前继任的安排，是想找到一个人继任，还是想找到一种机制？

任正非：华为的轮值CEO制度最终想找到一个机制，但现在我们还不知道这个机制是什么样子。君主立宪制使英国稳定了三百五十年，这是否会对华为的机制有所启发，现在还不能肯定。我们会用哪种机制走这条路，我们的团队都在探索。

每日电讯报Chris Williams：您认为华为在美国面临的挑战是信任的缺失，还是贸易保护主义？如果是贸易保护，华为是否考虑通过中国政府去和美国沟通？

任正非：美国是个伟大的国家。先进的制度、灵活的机制、明确清晰的财产权、对个人权利的尊重与保障，都是美国强大的支撑。比如乔布斯，如果在中国土地上，很难生存下来，他身上有很多怪癖，不容易被中国人接受。美国这种伟大的机制和文化的开放，使美国还会长期保持领先位置。向美国学习，我们从来就没有动摇过。“9·11事件”中，人们纷纷逃难时沿着楼梯往下走，还不时礼貌地给残疾人让路。而消防队员从下往上冲，老百姓往下撤，都非常有序。这种文明素质不是一时就能形成的，应该是沉淀了几百年的文化素养。这些都是美国的伟大之处。

最近我看了一段视频，关于韩国“岁月”号沉船事件，在发放救生衣时非常有序，人们还互相谦让，秩序也没有混乱。这可是在生命的最后一刻，从这一点看得出来韩国人民有多么伟大。我们都要向他们学习。

无论美国是否买华为的设备或者如何对待我们，相比上面的一切，这只能是小事。

泰晤士报Nic Fildes：两个问题。第一个有关英国的网络安全中心是否通过GCHQ负责它的运行和管理，华为对此是何看法？该方面进度如何？另外有关华为智能手机业务在欧洲的打算，华为是否也会考虑通过并购的手段来增强智能手机业务？

任正非：将来华为的智能手机在短时间里不会有大的并购，我们坚持终端和网络一样，是有效的发展。我相信华为的智能终端能在世界上自成一体。苹果在纵向整合方面非常成功，三星在横向整合方面非常成功，华为终端如何能走出一条自己的路已经看得越来越清楚。

在网络安全中心运行上，我们还是遵循各国政府的要求。我们虽然增加了一些成本，还是希望各个国家对大数据流量的网络安全增强信心，至少对华为增强信心。澄清不会有很大的作用，最终还是要用行动来证明。

彭博社Sam Chambers：上市是不是有助于缓解和应对美国的担心？是不是能够帮助华为打入美国市场？

任正非：是否进入美国市场，不是透明度的问题。即使透明了，也解决不了美国的担忧。现在华为找不到哪点不透明，因为华为每一年的财务报表都有披露，因此透明度和上市本身没有太大关系。我们不会以是否上市作为进入美国的战略决策。未来十年到二十年，让美国认识到华为是友善的公司，才会有一些机会。我认为现在没有太多机会，所以不要在这个地区花费太多精力，反而丧失了其他地区的市场机会。

路透社Paul Sandle：在智能手机方面，华为怎么去体现自己智能手机的差异化？

任正非：别人的路都不能模仿，只能走自己的路。苹果利润五百亿美元，三星有四百亿美元，我们连想都不敢想。我们还是要踏踏实实继续走下去，才能继续走向成功。华为终端已经摆脱前几年能量很低的状况，已经具备了希望，但发展还是不能盲目。

华尔街日报Amir Mizroch：之前您在部队里待过，从部队到社会的转变，您有什么感觉，有什么挑战？是否学到了什么经验？

任正非：我从部队转到地方刚好遇到中国社会的巨大转型，正在从计划经济转向市场经济。中国为了裁减非战斗军队以削减经费，我们首当其冲被裁掉，我们那个时候也不愿意被裁减掉。那时候部队承诺我们到地方后工资不变，每个月30多美元。当我们转到深圳以后，深圳已经市场经济化了，电子女工的工资都已经有50多美元。这是第一个不习惯。

第二个不习惯是，以前做事从来不讲赚钱，都是为人民服务，但市场经济就是要赚别人的钱。那时候不习惯的是，明明铅笔是两分钱买过来的，为了卖给你七分钱非要说买来是五分钱，这是不是在骗人？后来我自己被别人骗了，去打官司，又没有钱，就自学了大量的国际法律知识。在学习法律过程中，我感受到市场经济的本质是货源和客户，这两者的交易就是法律。我们不可能控制客户，法律也不是我们说了算，我们只能控制货源。如何控制？那就是研发。所以在公司很小的时候，我们就开始投入研发产品，直到今天在世界领先。所以，发展就是从痛苦中感悟。

经济学人Ludwig Siegle：您刚才提到转业到深圳，为什么到深圳而不是其他城市？您对深圳怎么评价？10年、20年后深圳会走到哪个方向？

任正非：深圳是中国最早开放的地方，所以我就来到了深圳。深圳的故事就跟硅谷的故事一样，我们只能从书面上看见美国硅谷的故事，不能感知，但是深圳，我们可以投进去亲身感知。不知有多少与我同时代的人投进去了，可能有许多人被“烧死”，而我是侥幸从火里飞出的“飞蛾”。

其实我年轻时身体非常好，后来在华为经历的种种危机让我心力憔悴，比如资金断裂风险、通货膨胀风险、员工危机管理等。如果说华为和深圳留给我人生最大的回忆，就是痛苦。我最大的痛苦，就是没有及时孝敬父母。当我醒悟到要去孝敬父母时，他们已经不在人世，留给我终身遗憾。

中国未来二十年经济发展应该是非常迅速的。深圳是中国最先走改革开放道路的地方，不管人才如何流失，深圳还是会留下很多发展的基因。

金融时报Dan Thomas：首先，我看了华为2013年的年报里提到，2014年华为会做一些组织结构的调整，对于公司领导层而言，这样的调整意味着什么？另外，欧盟对于中国发起的反倾销、反补贴的调查，华为是否有所感觉，为什么欧盟会发起这样的调查？

任正非：华为的组织改革很复杂，不能几句话归纳，但是我们发布了很多文件，大家可以去细细阅读。

关于欧盟反倾销调查问题：（1）我们在欧洲已经提高了最高价格，因此不存在华为低价倾销的问题；（2）我们继续加大在欧洲的投资，希望几年后让欧洲认为华为就是欧洲公司，不会再遭遇欧盟反倾销。关于华为是否得到中国政府的补贴，我们在财务报表上都会披露。我们在财务报表上披露了所有房地产（用于自身生产、研发、办公……）信息，没有一块土地是中国政府赠送或低价购买的；而外企在中国投资，还可能有优惠。当这些事情慢慢澄清后，欧盟不应该认为我们是因为得到中国政府补贴而在欧洲低价倾销。所以当我们的投资跟上来后，欧盟应该对我们更友善。

路透社Jane Barrett：有关研发方面，您觉得华为5至10年后，技术方面会发展到什么程度？有哪些新的东西，比如物联网、可穿戴设备等？另外，现在华为终端业务的盈利能力是10%，那么在智能手机方面的利润率是多少？

任正非：我不太管具体事情，所以现在我不能汇报具体业务数字。现在华为战略就像“针尖”战略，收缩到窄窄的一点，投入在这点的力量超强。我们有七八万研发人员，每年投入五六十亿美元或者更多。瞄准未来大数据流量，华为应该处在领先位置。有限的力量聚焦在窄窄的点面上，华为才有可能长期处于领先位置。

物联网、穿戴式终端等，只是主航道中的一个业务，要具体部门来解答。我认为智能手机的盈利率要不断提高，不能总是这么低，提升的关键是别人买不买。

旗帜晚报/独立晚报James Ashton：您为何在深圳建了一个“白宫”？

任正非：我还是第一次听说。华为没有“白宫”，如果一个入口处能够叫“白宫”，那“白宫”建造得太简单了，伦敦遍地都是。欢迎你们到深圳时去看看，里面什么都没有。建筑墙壁的颜色都是黄黄的，怎么会叫“白宫”呢？我觉得很奇怪。

对于你们关心的具体问题，让具体部门来解答。我因为不太管具体事情，所以回答不出来。